仕事が9割うまくいく雑談の技術

――人見知りでも上手になれる会話のルール

ビジネス科学委員会

はじめに

「職場の仲間や上司とうまくやりたい」
「お客様と良い関係を持ちたい、信頼していただきたい」
「プライベートの人間関係をもっとスムーズにしたい」

こんな思いで、必死にビジネスマナーなどを勉強している人も多いでしょう。そんな人にはまず、「雑談の技術」を磨くことをおすすめします。なぜなら、雑談がうまくなれば、どんなシーンの人間関係であっても楽になるからです。

雑談というのは、とりとめもない気楽なおしゃべりなのに、なぜそんな効果が期待できるのでしょうか。それは、雑談がコミュニケーション能力そのものであり、その人の人間性の豊かさを表すからです。

たとえば、出勤途中で上司と出会ったとしましょう。当然、挨拶《あいさつ》くらいはするはずです。

でも、人見知りをする人やコミュニケーション能力の低い人はそこでおしまい。あとは、二人の間に気まずい沈黙が流れてしまいます。とくに人見知りする人は、ちょっとした一言が口から出にくいものです。

しかし、たとえ気がきいた話題でなくても、「今日も暑くなりそうですね」とか、「電車で足を踏まれてしまいまして……」などと切り出せたら、少なくとも気まずい思いはしなくてすみます。それどころか、「何か感じがいいな」「一緒にいると和むな」と思ってもらえるのではないでしょうか。

また、ちょっとした雑談をキッカケに会話がはずめば、それまで見えていなかった相手の一面を知ることもできますし、互いの距離がぐんと縮まります。そして、「単なる上司と部下」という関係からもう一歩踏み込んだ人間関係が築けるのです。

ところで、雑談をするのに、「うまいネタが浮かばない」「話を続けられる自信がない」と不安に思う人がいるようですが、それは「上手に話さなくてはいけない」という思い込みがあるからです。

雑談は、相手を感心させたり、楽しませたりするような特別な話術ではありません。相手と良い関係を築くための方法、もっと砕けた言い方をするなら、「相手と仲良くなるコツ」のようなもの。肩の力を抜いて気楽に考えればいいのです。

本書では、雑談の効用、自分が話さなくても勝手に盛り上がる雑談術、おもしろいほどはずむ雑談のポイント等について、具体例を交えてわかりやすく紹介します。

この一冊があれば、口下手な人でも人見知りする人でも、雑談に対する不安が消え、「誰かと話してみたいな」という気持ちになるはずです。雑談の技術に磨きをかけることで、あなたの毎日がより豊かになることを心から祈っています。

ビジネス科学委員会

目次

第4章　こんな話題が好かれます　

第5章　オフィスでも役立つ雑談パワー　119

第1章

雑談の基礎知識

●スマホや携帯に逃げていませんか?

想像してみましょう。

顔見知り程度のご近所の人と通勤途中の駅でばったり会った時、あなたはどんな対応をするでしょうか。

とりあえず挨拶《あいさつ》をし、二言三言とりとめもない話をした後に別れる……。

そんな対応ができるとしたら、あなたのコミュニケーション能力は大変高いといえるでしょう。そして、その力は社会人として世の中を渡っていくのにきっと役立つはずです。

しかし、最近はこうした対応ができる人が減っています。

大半の人が、

・相手に気づかれる前に、さっとその場を去る
・携帯を取り出し画面に見入って、相手に気づかなかったふりをする
・目が合ったら挨拶はするけれど、あとは携帯やスマホをいじって自分の世界に入る
・きちんと挨拶をしたあと、用事があるふりをしてその場を去る
・会釈はするけれど、話しかけて欲しくないというオーラを出す

反射的にこうした対応をしてしまうのではないでしょうか。

それはなぜか……。

「雑談が苦手だから」

「何を話していいかわからないから」

「挨拶のあと、沈黙になったら気まずいから」

そんなところではないでしょうか。

最近の日本人は、友達や共通の趣味を持つ仲間とは何時間でも話す力を持っているのに、そうでない人との会話には大きな壁を感じてしまうようです。

顔見知りでさえその調子ですから、初対面の人とは何をしゃべっていいのかわからない人が圧倒的です。

しかし、携帯やスマホという逃げ場になる道具があるため、「一緒の空間にいても会話がない気まずさ」を味わわずにすむようになりました。

けれど、こうした道具に逃げ込んでコミュニケーションを避けていれば、いつまでも深い人間関係は築けませんし、出会いのきっかけもみすみす逃してしまうでしょう。

●雑談は無駄話。でも、雑談するのは無駄じゃない

また、苦手意識から雑談をさけるのではなく、雑談自体を「必要なし」と考える人もいます。

そもそも雑談とは何なのか、別の言葉に置き換えて考えてみましょう。

「無駄話」「世間話」「どうでもいい会話」「ひまつぶしのおしゃべり」「とりとめもない話」いろいろなキーワードが浮かぶのではないでしょうか。そして、それらに共通するのが「さほど重要ではない話」ということです。

たしかに、世間話などしなくても、すぐ何かに困ったりはしないでしょう。「雑談をしなかったばかりに、取り返しのつかない事態に陥った」などということはありません。

そのため、「雑談なんて必要ない」「雑談なんてくだらない、時間の無駄」と考えてしまうわけです。しかし、雑談は人と人をつなぐ入り口。ここを通らずして人間関係を構築することはできません。

考えてみてください、雑談もしたことがない相手からいきなり深刻な話を切り出されたり、相談を持ちかけられたりしたら、どんな気持ちになるかを。

たぶん、「急になれなれしくするのには何か裏があるに違いない」と構えてしまうか、

「距離感がわからない変な人」と、引いてしまうのではないでしょうか。

日頃から雑談というやりとりで人間関係をしっかりつくっておくからこそ、信頼関係が築かれ、相談事や頼み事といった大切な話もできるようになるのです。そういう意味で、雑談は社会生活に欠かせない会話でしょう。

また、雑談は親交を深めるだけでなく、相手がどんな人かを知るためにも役立ちます。

たとえば、朝の挨拶ついでに、

「昨日の夜は蒸しましたね。おかげで今日は睡眠不足ですよ」

と話しかけたとしましょう。それに対して、

「へぇ」や「ああ、そうですか」

とそっけなく答える相手なら、「この人は自分に良い感情を抱いていないのかな」と感じるかもしれませんし、「愛想のない人」「お愛想の一つも言えない気がきかない人」として、距離を置いた付き合いをするかもしれません。

しかし、

「それはつらいですね」とか、「大丈夫ですか？」

などと返してくれる人には、「優しい人だな」「思いやりがあるな」と感じ、親交を深め

ようと思うでしょう。

どうですか、たとえ二言三言でも言葉を交わせば、相手の人となりがわかるのです。

つまり、雑談の内容が無駄話であっても、雑談という行為自体は無駄ではないわけです。

●雑談でコミュニケーション能力を見られる

大手サービス業の採用担当者はこんなふうに語っていました。

「学力も大切ですが、うちの会社ではそれ以上にコミュニケーション能力が高い学生が欲しいのです」

そのため、この企業ではあることを行っています。それは、学生向けの会社説明会や入社試験の際、「休憩をはさみますので、自由に情報交換をしてください」とアナウンスすることです。

多くの学生は就職活動にあたって、面接や説明会の質疑応答の練習をしてきます。中には別途のレッスンを受けてから臨む学生もおり、一通り話をしただけでは個々人のコミュニケーション能力を見抜けません。

そこで、あえて自由時間を与え、その場に居合わせた初対面の相手とどんな関わり方をするのかを見るのです。

すると、さっきまで雄弁に話をしていた学生が、おもむろにスマホを取り出しずっと画面に見入っていたり、ノートを出してせっせと何か書きこみ始めたりするとか。結局、休憩時間中、他の誰とも話をせずに過ごす人も珍しくありません。

逆に、質疑応答や面接ではぎこちない話しかできなかった学生が、近くに座った人に「どちらの大学ですか？」「狙っているのはこの業界だけですか？」などと尋ねたり、「緊張しますね」「私、うまく答えられなくて。あなたはどうでしたか？」などと親しげに話しかけたりすることもあります。

この会社が積極的に採用するのは後者です。なぜなら、雑談が自然にできる学生は、コミュニケーション能力が高いので、入社後すぐに職場に馴染《なじ》むからです。そして、こうしたタイプは多くの人の教えや助けを受けられるため、結果的に仕事も早く覚えます。また、お客様や取引先との関係もうまくこなし、独り立ちするのも早いそうです。

たかが雑談と侮ってはいけません。雑談を通してコミュニケーション能力が見られているわけです。

●数秒あれば、雑談ですごいアピールができる

今や国民的アイドルと呼ばれるＡＫＢ48。グループの大きな魅力は「会いにいけるアイドル」という点です。彼女たちは秋葉原にある専用劇場での公演のほかに、定期的に「握手会」という、ファンとの交流イベントを行っています。

ＣＤを購入すると握手会の参加チケットが一枚ついていて、自分の応援しているメンバーと一回握手ができるシステムなのですが、人気者の彼女たちと直接握手できるとなれば、ものすごい数のファンが押し寄せます。ただでさえすごい人数なのに、ＣＤを何十枚と購入し、握手券の束を持ったツワモノも少なくないため、一人のファンと握手できる時間は必然的に何秒という単位になってしまいます。

基本的には、ファンがメンバーに話しかけ、メンバーはそれに答えるという会話がほとんどなのですが、知名度の低い新人などは、自分からどんどん話しかける場合もあります。なぜなら、握手会は、直接ファンと触れあって自己アピールする最大のチャンス。一人でも多くのファンを獲得するために、印象に残るアクションを起こさなければならないからです。

しっかりとファンの手を握って、

「今日は暑いのに、会いに来てくれてありがとう」

「ずっと並んで疲れちゃいませんでした？　あとでゆっくり休んでくださいね」

「あ、前も来てくださいましたよね。覚えてますよ」

「素敵《すてき》なジャケットですね、すごく似合ってます」

「あれ、髪の毛切りました？　さっぱりしていい感じです！」

など、とにかく思いついたこと、目についたことをどんどん話すのです。すると、「あの子はファンへの対応がいい」と評判になり、目に見えて人気が出てきます。そして、ほとんどしゃべらないメンバーとは歴然と差がつきます。

彼女たちがしゃべっているのは一言二言。時間にすればほんの数秒です。しかし、その効果は想像以上に大きいのです。

●雑談は安心感につながる

売れっ子ホストと成績の良い営業マンの共通点、それは何だかご存知ですか。

「そりゃセールストークのうまさに決まっている」という答えが返ってきそうですね。確かにそういう面もありますが、両者に共通しているのは、雑談のうまさです。

セールストークと雑談の違いは、わかりやすく言うなら、「中身があるかないか」でしょう。

売れっ子ホストのセールストークは、お客様がいかに気持ちよくなるかを計算しつくした話術です。営業マンのセールストークは、お客様が今すぐにも商品を買いたくなるような話の運びです。これが中身のある話というわけです。

しかし雑談は、とりとめもない話をしながらお互いの距離を縮め、その場の雰囲気をやわらかくするのが目的です。

たとえば、お天気、マイブーム、飼っているペット、昨日見たテレビのことなど、内容はなんでもかまいません。中身は必要ないのです。強いて言うなら、相手が嫌がる話題さえ選ばなければいいでしょう。

では、なぜセールストーク以上に雑談が大切なのか。なぜ雑談によって営業成績が上がるのか。それを解くカギは「安心感」です。

お客は接客を受けたり買い物をする時、少なからず緊張します。相手がホストであれば、「甘い言葉にだまされないようにしよう」、営業マンであれば「高いものを買わされないように気をつけよう」と、無意識に構えるものです。

しかし雑談なら商品とは関係がないので、安心して会話を楽しめます。そして、知らず知らずのうちに互いの距離が縮まり、信頼関係が築かれるというわけです。

そうなると、以前は構えて聞いていたセールストークもすんなりと受け入れられるようになる。これこそ「雑談」の持つ底力です。

●挨拶＝雑談ではない

雑談が始まるのは、たいてい人と人が顔を合わせた瞬間です。もちろん、長い時間一緒に仕事をし、その合間にする雑談もありますが、ここでは出会いがしらの二言三言といった雑談について話したいと思います。

良い人間関係を築くためには、「挨拶に何か一言添えるのが効果的」だといわれています。

たとえば、

「こんにちは。暖かくなりましたね」

「こんばんは。今夜は冷え込みますね」

といったプラスアルファがある声かけです。

たしかに、「こんにちは」「こんばんは」だけよりはぬくもりが感じられますが、この段階ではまだ雑談にまで発展していません。なぜなら相手が「そうですね」や「ええ」と答えれば、そこで会話が終了してしまうからです。

つまり、「挨拶プラスアルファ」は、雑談のきっかけにはなるけれど、雑談そのものではないので、雑談に持ちこみたいのならあとひと押し、もう一言が必要ということです。

これはあくまで一例ですが、ご覧ください。

マンションのエレベーターの中で、同じフロアに住む人と一緒になりました。名前は知っていますが、特に行き来がある間柄ではありません。

「こんにちは。暖かくなりましたね」

「ええ、いい陽気になりました」

「そろそろ桜のシーズンですねぇ。○○さんはお花見には行かれますか？」

「うちは毎年家族で行っています。近所の○○山公園ですけど」

「あそこの桜、なかなか見事ですよね。ただ、車を置く場所がないですよねえ」

「それなら、裏手にコインパーキングができましたよ。たしか、二〇台くらい停められたんじゃないかな」

「そうですか、それは良いことをうかがいました」
「お役に立てて良かったです」
「それじゃあまた、失礼します」
「はい、ごめんください」

ほんの一言付け加えただけで、型通りの挨拶が雑談へと発展しました。この会話でいえば、お得な情報も手に入れられたのです。時間にすれば三十秒にも満たない短いやりとりですが、お互いの心的距離はぐんと近づいたはずです。

例文をご覧いただくとわかりますが、決して長々と話し込む必要はありません。二〜三回、言葉のキャッチボールをするだけで、相手の存在が互いの中で大きくなり、安心感や信頼が生まれます。そのため、一度このようなやりとりがあると、次に顔を合わせた時にはもっとスムーズに雑談ができるでしょう。

●男性が雑談を苦手に思う理由

男性と女性を比べると、雑談が苦手なのは男性のほうでしょう。カフェやファミレスなどで女性同士や女性のグループは何時間でもおしゃべりに興じていますが、男同士は飲み食いが終わるとすぐに席を立ってしまいます。なぜ、男性は楽しく雑談できないのでしょうか。

その理由の一つに「話に結論を求めたがる」ことがあげられます。

たとえばＯＬの会話をみてみましょう。

「この前さ、すっごく寒い日があったじゃない」

「うん、あったあった」

「私、寒いのがめっちゃ苦手だから、そういう日はブーツじゃないとダメなのよ」

「わかる。でもさ、ブーツって玄関がせまくなるでしょ？」

「なる、なる。だから私、部屋にブーツおいてるもん」

「え〜、ニオイが気にならない？」

「靴用スプレーがあるから平気。グレープフルーツの香りとかあるのよ」

「あ、グレープフルーツの香りって、痩《や》せる効果あるんでしょ」

「そうなんだ。あ、痩せるっていえばさ、私、来月からジムに行くことにしたんだ」

「え、どこのジム？」

ご覧いただくとわかりますが、会話ははずんでいるものの、一貫したテーマもなければ結論もありません。実は、男性はこれが苦手なのです。

たとえば、今の会話を男女でするると、

「この前さ、すっごく寒い日があったじゃない」

「え、何曜日のこと？」

「うーん、忘れた。私、寒いのがめっちゃ苦手だから、そういう日はブーツじゃないとダメなのよ」

「なんで寒いとブーツなの？　そもそも君はミニスカートをはくから寒いんだよ。寒い日は厚手の靴下とズボンをはけばあったかいよ」

「まぁ、そうだけどね……」

このようになり、会話がストップしてしまいます。

男性は会話に対してある意味、真面目に取り組み過ぎるため、相手の投げかけた言葉をまともに受け止め、それを正確に投げ返そうとする傾向があります。

しかし雑談は、言葉をふわっと受け止め、それをまた緩く投げ返すようなもの。あまり真剣になりすぎないほうがいいのです。

ダラダラ話す相手に、「で、結局、何を言いたいの？」「結論から言ってもらえるかな」

などと畳みかける男性もいますが、こういうタイプも雑談が苦手です。言い方を換えれば、「ノリが悪い」「空気が読めない」人かもしれません。

雑談は質疑応答でも議論でもありません。なんとなく場の空気をつくるコミュニケーション術だと覚えておきましょう。

●気の利いたことを言う必要はない

また、雑談にどう応じていいのかわからない人もいます。社会人一年生のKさんがそうでした。たとえば、通勤途中に上司と一緒になった時のこと。

「おはよう、K君」
「おはようございます」
「いや～、今日は電車が混んでてまいったよ」
「はあ」
「スーツをクリーニングに出したばっかりなのに、ほら、しわくちゃだろ」
「あぁ、ええ」
「まったく、どうにかならないのかねぇ、ラッシュアワー」

「うーん……」

といった具合です。

上司は少しでも部下とわかり合いたいという気持ちから、気さくに話しかけているのですが、Kさんはなかなか響いてくれません。一応挨拶はできるし、仕事もそれなりにはこなすけれど、それ以上の関係に発展しないのです。

「一緒の仕事をする仲間として、もっと親しみを持ってほしい」と、上司は思っています。

一方、Kさんは、上司のこうした思いを感じながらも、雑談にどう応じていいかわからずにいたのです。Kさんの心の声を見てみましょう。

「おはようK君」

「おはようございます」

「いや〜、今日は電車が混んでてまいったよ」

「はあ（僕にまいったって言われても）」

「スーツをクリーニングに出したばっかりなのに、ほら、しわくちゃだろ」

「あぁ、ええ（しわののばし方なんて知らないし、どうしよう）」

「まったく、どうにかならないのかねぇ、ラッシュアワー」

「うーん……（時間差通勤がいいんだろうけど、それも難しいし。こんな時、何て答えればいいんだろう）」

Kさんは、上司の投げかけた言葉に対して、どう答えたらいいのか、自分は何を求められているのかを必死に模索していたのです。ただ、うまい言葉が浮かばないために、「はあ」とか「ええ」といった言葉しか出てこなかったので、上司には「気のない返事しかしてくれない」と取られてしまったわけです。

若い人には、Kさんのようなタイプが少なくありません。そのため、上司を拒否しているわけでもないのに誤解されたり、気持ちがすれ違ってしまうのです。

雑談はもっとふわっと軽いもの。あまり深刻にとらえず、やんわりと受け止めて、やんわり返せばいいのです。

極端な話、上司が「まいった」「大変だった」というアピールをしてきたら、「うわぁ」「大変でしたね」「そうだったんですか」

この三つをローテーションで使えばなんとかなります。雑談はそれくらい軽く受け止めたほうがうまくいくものです。

●雑談の基本ルール

雑談は基本的に何を話しても構わない、型にはまらない会話です。しかし、雑談を楽しむためには、いくつかのルールを覚えておくといいでしょう。

第一に、会話に軸や結論を求めないこと。

第二に、どんな方向に話が転がっていっても、元に戻そうとしないこと。

第三に、落ちを求めないこと。

第四に、まとめようとしないこと。

第五に、会話の流れにまかせること。

などがあげられます。そして、もう一つ大事なのは、「切り上げる時の潔さ」があります。

一般的な会話では、話の区切りのよいところを見極め、タイミング良く話を終わらせるのがスマートだとされます。たしかに、大切な話をしている時に、自分勝手なタイミングで話を切ったら、「空気を読めない」と思われてしまうでしょう。

しかし、雑談にはもともと「中身」がないので、どこで切ってもかまわないのです。変にタイミングを見計らおうとして、ぐずぐずと会話を引き延ばすほうが、雑談としてのセンスに欠けるかもしれません。

では、例を見てみましょう。これは、飲み屋で知り合いと顔を合わせた時の会話です。

「あ、山田さん。こんばんは」

「佐藤さん。いらしてたんですか」

「ええ。この店、よく来られるんですか」

「月に二、三回かな、値段とメニューが気に入ってるもんで」

「そうですか。じゃあ、また」

「どうも」

といった具合です。ポンポンとやりとりして、ぱっと切り上げる。特に相手に連れがいた場合などは、手短かでキレのいい雑談がふさわしいでしょう。

いちいち、「月に何回くらい来るんですか?」とか「何のメニューが好きなんですか?」などと聞く必要はありません。何度も話していますが、雑談に大切なのは内容ではなく、「会話をした」という事実なのです。

第2章

聞き上手は雑談上手

●話をしてくれる相手はラッキー

雑談といえば、自分から何か話さなくてはと思いがちですが、決してそんなことはありません。逆に、自分ばかりペラペラしゃべると「うっとうしい人だな」と思われてしまうでしょう。こちらから雑談のキッカケを作ったり、話しかけてくれた人が話しやすいように受け答えすればいいだけです。

人間というのは、根本的に自分のことを話すのが好き。小さな子どもたちを見れば、それは一目瞭然《りょうぜん》でしょう。

「今日、○○ちゃんとお絵描きしたんだよ」

「上手に描けてるって、先生にほめられたんだ」

こんなふうに、小さな子どもたちは、自分のことを一生懸命に話します。それは、自分を理解し、認めてもらいたいからです。

そして、大人になっても、この本質は変わりません。だから、自分の話を熱心に聞いてくれる相手には、子どもが母親を好きになるように好意を持つわけです。

「取るに足らない話題でも、あの人となら盛り上がるな」

「あの人と話していると、時間が過ぎるのをつい忘れてしまうんだ」

こんな評価を受けるのは、とにかく、きちんと相手の話に耳を傾ける人です。

雑談の技術を身につけようとするとき、「まずはネタを仕入れなければ」と考える人も多いのですが、「聞く力」を磨くのを忘れてはいけません。

人は、自分の話したいことを話したいだけ話せば、相手があいづち程度で自分のことは何も話していなかったとしても、「楽しい会話ができた」と思うものです。ですから、相手が話し好きでどんどん話してくれる人なら、超ラッキーです。ただ話を聞いているだけで、他になんの努力もなく、相手の好意を手に入れることができるのですから。

「人の話を聞くことで、人生の八〇パーセントは成功する」

これはアメリカの、話し方と人間関係の研究者デール・カーネギーの言葉です。人の話を聞くということは相手を喜ばすだけでなく、同時に自らも学ぶことになります。人の話を聞くと、視野が広がり、発想のきっかけにもなるからです。

「聞く」メリットは、他にもあります。たとえば、聞くことによって、相手の考えやニーズがわかります。これは営業マンにとっては必要不可欠な情報です。また、話の中から自分との共通点を見つけられれば、いっそう相手との距離を縮められます。相手が、自分の知らない知識を与えてくれることだってあるのです。

最後に、聞くことの最大の利点は、相手の人間性を知ることができるという点です。積極的な人、消極的な人、几帳面《きちょうめん》な人、大ざっぱな人、優しい人、正直な人などなど。今後のその人との付き合いや対応に、大いに参考になるでしょう。

●よく出てくる言葉、強く語る言葉をチェックする

「少し予算オーバーだけど、せっかくだから大型テレビを買おうと思っているんだ。でも妻は、狭い部屋に大画面なんて目が悪くなりそうだし、設置するのに他の家具を移動させなくちゃならないのが面倒だといって、あまり乗り気じゃないんだよ。確かに値がはるよ。でも、今までのテレビにない機能があって、絶対楽しいはずだろ？　多少リモコンの操作が複雑でも、それが高価格に見合う付加価値ってもんじゃないか」

こんな話をする人がいたら、この人が一番言いたいこと、または気になっていることは何だと思いますか。

それは、値段です。もしかしたら、奥さんが快く賛成しないのも、目が悪くなるからでも家具の移動をしなければならないからでもなく、値段が高いからなのではと想像できるでしょう。その理由は、彼のセリフの中に「予算オーバー」「値がはる」「高価格」と、何

度も値段についての言葉が出てくるからです。

しかし、皆さんは、今このセリフを文字として読んだから、それに気づいたのかもしれません。酒を飲んだ時の相手の愚痴として漫然と聞き流していたとしたら、気づきにくいものです。そこでうっかり、

「子どもじゃあるまいし、テレビにくっついて見るわけないよな」とか、

「家具の移動はお前がやればいいじゃないか」とか、

「俺もリモコンにやたらに機能があるのは嫌だな」

などと答えたら、相手は言いたいことが伝わっていないと感じ、その後は、あまり会話ははずまないでしょう。

とりとめのない話でも、注意して聞いていると何度も出てくるキーワードがあるものです。それが、相手の言いたいことです。それについて話を広げていけば、どんどん会話ははずんでいくはずです。

●情報収集は、まず聞くことから

話をはずませるには、相手に好きなことをしゃべってもらうのが一番手っとり早いでし

よう。それにはあいづちをうったり、あいの手を入れる必要があります。また、相手の話を引き出すために質問するのも大事です。

だからといって、「とにかく、いろいろ質問してみるか」と、次から次へと質問を浴びせてはいけません。

質問を重ねれば、相手はそれに答えてくれるかもしれません。質問と答えのやりとりを重ねれば、話がはずんでいるように見えますし、質問している側は特にそう思いがちです。

しかし、それでは自分の知りたいことだけを知っただけで、相手について理解したとはいえないでしょう。パソコンのデータベースにアクセスして必要な資料を得ただけにすぎないのです。これでは、人間相手のコミュニケーションとはいえません。

たとえば、

「昨日、帰り際に課長に残業を頼まれて、まいっちゃったよ」

同僚がそう切り出した時、すぐに、

「それって、どんな仕事だったんだ？」

などと答えてしまっては、たとえ相手が律儀に「今日の会議のレジュメだよ」と答えてくれたとしても、これ以上は会話がはずまないでしょう。

なぜなら、相手は「急に残業を頼まれて、大事なデートをキャンセルしてしまった」と伝えたかったのかもしれませんし、「急ぎの仕事だからしかたないけど」とか、「どうして自分にばかり残業を押しつけるんだ」とか、「課長はいつもギリギリに仕事を言いつけるんだ。もう少し計画性を持ってほしいのに」とグチりたかったのかもしれません。それを、相手の気持ちとは違う方向に持っていってしまったことになります。

その場では、自分が知りたかった情報が手に入って満足するかもしれませんが、逆に失ったものの方が大きいこともあります。相手は、あなたを話しにくい人、自分のことしか考えない勝手な人と感じ、好意をもってくれないかもしれません。また、あなたは、相手がどのような考え方をする人で、今後どのように付き合っていくべきかの大切な情報を手に入れそこなったかもしれないからです。

つまり、人の話を聞くというのは、自分本位の質問をして答えさせるのではなく、相手が話したいことは何なのか、それを引き出して話させることなのです。

何も気の利いたことを言う必要はありません。「え～！」「そうなんだ」など、相手の気持ちを受けとめるシンプルな表現で十分です。そして、相手が話し出すのを待ちます。そうすれば、相手は自分の話したいことを話してくれるでしょう。

自分の言いたいことを妨げられずに何でも話せるからこそ、会話がはずんでいくわけですし、なによりも、相手はあなたに好意や親近感を持つようになります。どうしても聞いておきたいことがあるのなら、相手がひとしきり話し終わった時に、

「そんなに急に残業だなんて、いったい、どんな仕事だったの？」

と、さりげなく聞けば、相手は不快感もなく素直に答えてくれるものです。

会話がはずむかどうかのポイントは、相手が最初に投げかけてきた言葉にどう反応するかで決まります。話しかけられたことに対して「くだらない、どうでもいいことだ」と感じたとしても、話しかけた方にすれば、聞いてほしいことなのです。そして、その時の答え方によって、会話の流れやムードが決まってくるのです。

逆の立場で考えると、もし自分が話しかけても相手があまりノッてこないと思ったら、そこで話をするのを躊躇《ちゅうちょ》してしまうはずです。

なにも難しいことではありません。「え～！」とか「まあ！」といったほんの短いあいづちでいいのです。ただし、この時に大切なのは、きちんと気持ちをこめたあいづちであることです。

こういう前向きな反応で、「あなたの話が聞きたいです」「続きを話して」とアピールす

れば、相手は気分がよくなり、会話はどんどん盛り上がっていくでしょう。

このようにして、「会話のはずむ人」「話しやすい人」という評判が定着すると、多くの人があなたに話をしにくるでしょう。こちらから質問しなくても、情報は向こうからやってくるようになります。

本当に必要な情報とは、直接の質問で得られるものばかりではありません。多くの人脈から得られるものなのです。

●誰でも得意ジャンルでは雄弁になる

誰でも、趣味や得意な分野のことになると話しやすく雄弁になるものです。つまり、相手の得意分野の話題は、会話をはずませるための特効薬になるわけです。

でも、相手の趣味や得意分野が自分の知らないことだと、どのように会話を盛り上げていけばいいのか戸惑ってしまう人も多いのではないでしょうか。これは、相手の得意分野の話題に、自分も同じくらいのレベルで話していかなければならないという思い込みから生まれるものです。たとえば、

「わたし、ウインドウショッピングが好きなの」という女性に、

「最近は、ファストファッションといわれるメーカーがどんどん路面店を出していますね。もう、行ってみましたか？」

「趣味程度に株をしているんだ」という人に、

「平均株価がなかなか戻らないようでは、困ったものですね」

などと答えなければならないとしたら、とても大変です。

人には得意分野もありますが、知らないことだってたくさんあります。もし、相手と同レベルで話さなければ会話が成り立たないというのなら、自分の知らないことを趣味にしている人とは盛り上がった会話はできないということになってしまいます。

相手がウインドウショッピングや株の話をしたとき、話し手はあなたと議論したいわけでも、何か新しい情報がほしいわけでもなく、ただその話を聞いてほしいだけ。あなたに知識があるかないかは、まったく関係ありません。

ですから、自分があまり知らない分野の話題だったら、

「へぇ、ウインドウショッピング？」とか、「えっ！　株ですか？」と相手の言葉をそのまま返して、「その話、もっと聞きたい」という気持ちをアピールすればいいのです。あとは、相手が楽しそうに話してくれるでしょう。

もし相手がどのように話そうか迷っている様子ならば、「ファストファッションの店」や「平均株価」のような話題をふるのではなく、あくまでも相手を主人公にした質問をしてみます。たとえば、

「ウインドウショッピングって、ほんとに楽しそうですね」

「お友達と一緒にウインドウショッピングするのですか？　それとも、ひとりで？」

「株をやりはじめたきっかけは、なんですか？」

「株価が上昇しているときって、どんな気持ちですか？」

このように、相手の気持ちを尋ねたり、「あなたは～ですか？」というような質問なら、その物事についての知識がなくても、どんどん会話は広がっていきます。また、いっそのこと、

「僕はそのことについてあまりよく知らないんです。どういったところが、面白いところ（または夢中になれるところ）なのですか？」

と正直に言ってしまうのもいいでしょう。

もともと、人は自分の話を聞いてほしいのですから、自分の知っていることについて興味をもって聞かれれば、悪い気はしません。聞き手にとっても、自分の知らない世界の話

を聞かせてもらって、知識が広がります。知らない話題は敬遠しないで、積極的に聞き役に徹するようにしましょう。

●話をまとめたり、確かめることが大切

相手が顧客や取引先の場合、話題をなんとか自分の知りたい情報のほうに引っ張ってきたいという気持ちはわかります。そのうえ、話し手がいつも理論的に話してくれるわけもなく、内容があちこちに飛んでしまって、いったい何が言いたいのか本人もわかっていないという場合も多々あります。

これが雑談の特色でもあるのですが、そこから真剣な話にシフトさせるためには、まずしっかりと相手の話を最後まで聞くことが大切です。できる営業マンは、相手の話があちこちに飛んでも興味深く耳を傾けます。

そして、顧客なり、取引先の相手が話し終えたら、

「そうですね。ひとつ確かめておきたいことがあるのですが……」

こう切り出せば、話のポイントを明確にしてそれを相手にも認識してもらえます。また、

「○○さんのおっしゃりたいことは、～ということでしょうか」

「ということは、〜なのですか」

このように、相手が求めていることや言いたいことを要約すると、その後の会話がこちらの望む方向に展開していくでしょう。

「そこのところを、もう少しくわしくお聞かせください」

「そのお話で、ちょっとわからないところがあるのですが、お教え願えませんか？」

このように質問すれば、相手の気分を損なうことなく、知りたい情報を得られ、会話自体も深いものになっていきます。

長時間の商談なら、メモをとるのもひとつの方法です。メモをとっていては、はずんだ会話にならないのでは……という心配は無用です。相手は「メモをとるほど自分の話を真剣に聞いてくれている」と感じるはずです。

ただし、ずっと下を向いたままではいけません。メモをとるために下を向くのは必要最小限にとどめ、話を聞く時は、相手の目を見るのが原則です。「なるほど！」「そうですね」などのあいづちも適度に打ちましょう。

そして最後に、

「ありがとうございました。お話をまとめさせていただきますと、お客さまのご希望は、ひとつめに～、ふたつめに～ということになりますね」

とすれば、相手とも内容の確認ができ、後日の打ち合わせにすんなりと進むことができます。もちろん、話の途中でも、

「今までのところをまとめさせていただきますが、よろしいでしょうか？」

と確認作業をすることで、誤解を防ぎ、次の段階へとスムーズにすすめられます。会話をはずませながら、内容を整理するにはうってつけの質問といえるでしょう。

●話の途切れをキャッチする

雑談に苦手意識を持つ人のほとんどは、「うまく話が続かなくて沈黙になったら気まずいから」と言います。そして、実際に沈黙が訪れた時、「何か話さなきゃいけない、なんとかこの沈黙をやぶらなくては」とあせって話すので、ぎくしゃくした雰囲気になってしまうのではないでしょうか。

たとえば、同僚が残業の愚痴をあなたにこぼしたとしましょう。

「なぁ、聞いてくれよ。昨日、課長から終業時間ギリギリに残業を頼まれちゃったんだ。デートの約束があったのにさ」

「え〜っ！　ついてないよなぁ」

「そうなんだよ」

と、ここで相手は黙ってしまいました。さて、あなたはどうしますか。

「断ることはできなかったのか？」

「彼女になんて謝ったんだい？」

なんとか会話を続けさせようと、このようにあせって質問したりするのは、よい対応とはいえません。というのは、あせりや不安が表情に出ているからです。相手はその気持ちを敏感に感じとり、自分の話を聞く気がないんだなと感じて、会話を続ける気を失ってしまいます。

沈黙が訪れても、なにもあせる必要はありません。こちらも沈黙すればいいのです。ゆったり余裕をもって相手の言葉を待つと、あせりとは正反対に、穏やかな表情が生まれます。相手はそれを見て安心し、聞いてほしいことをゆっくり考えることができます。それでも、まだ相手が切り出せないようなら、

「ほんとに、ひどいよなぁ」

と、もう一度、共感の言葉を言ってみればいいでしょう。また、

「デートの約束があったんだろう？」

と、相手の言ったことを質問形式で繰り返すのもいいでしょう。すると、

「彼女、怒っちゃって、大変だったんだ」

「そりゃ、散々だったね」

このように相手の話を引き出すきっかけになります。

●合いの手ひとつで話の流れが変わる

合いの手とは、会話の途中に入れるあいづちのことです。このあいづちの打ち方ひとつで、会話がはずむかどうかが決まるといっても過言ではありません。

合いの手でよく使われるのが、「大変ですね」「よかったですね」「さすがですね」「そうなんですか」などです。

しかし、これらのフレーズが便利だからと頻繁に使うと、その値打ちが下がり、気持ちのこもっていない自動音声のように、話し手の話す気を削《そ》いでしまうものになってしまいます。

逆に、豊富な合いの手を持つことが話し手の気持ちを高めて、多くの話を引き出す有効

な手段になることは言うまでもありません。

「楽しみですね」「厳しいですね」「幸せですね」などの感情を表すボキャブラリーを増やして、会話をはずんだものにしていきましょう。

また、使い古された合いの手でも、

「へぇ、そうなんですか」

「うわっ、すごいですね」

「ほう、それはさすがですね」

「え～、ほんとうですか？」

「まぁ！　驚きました」

と、驚きの表現を加えて、相手の話に心を動かされたとアピールします。たいした話でなくても、

「え～！　ほんとうですか？　それはすごいですね」

と驚いてあげると、相手はよい気分になってどんどん話してくれるでしょう。

ほかにも、会話をはずませる合いの手に、「オウム返し法」があります。たとえば、

「夏休みに、ハワイに行ってきたの」

と同僚が言ったとします。その時に、

「ハワイですか」

と相手の言ったことをオウム返しに繰り返すのです。しかし、ただ機械的に繰り返しただけでは、相手の心まで響きません。合いの手には、気持ちが入っていないと効果がありません。

先の例でいえば、ハワイに行ったなんて「素敵《すてき》！」「うらやましい！」といったニュアンスを伝える「オウム返し」にします。

「え〜！　ハワイですか？」

このように驚きの表現をプラスすると、これだけで、相手は聞き手の「素敵！」「うらやましい！」といった気持ちを感じ、自分の気持ちをわかってくれる人と認めて、どんどん話をしたくなります。こうなったら、会話が盛り上がらないわけがありません。相手は好意を持ち、今度は質問をしてくるでしょうし、そうなれば、どんどんコミュニケーションが深まっていきます。

どのような合いの手でも、「オウム返し」でも、気持ちをプラスした驚きのスパイスをきかせれば、会話ははずみます。

たとえ、たいした話じゃないと思っても、相手がノッて話してくることには、ノッて答えてあげるくらいのサービス精神を持つことも、人間関係を円滑にするのに大切です。

●相手の話をうまく引き出す心遣い

「今話題の３Ｄ映画を見に行ってきたよ」

「へぇ、で、どうだった？」

「評判どおりだったよ」

と、せっかく盛り上がるはずの話題なのに、ここでプツリと会話が途切れてしまうのはなぜでしょうか。


それは、「どうだった？」という質問の仕方に問題があったのかもしれません。なぜなら、あまりに漠然としていて、相手は何を話していいのかわからず、あたりさわりのない答えをしてしまうからです。

また、話し手は、「どうだった？」という普通の決まり文句的な質問をされたことで、聞き手がその話題にさほど興味を持っていないと判断し、話を早めに切り上げたのかもしれません。

会話を盛り上げるためには、相手が話したくなるような心遣い、話しやすくなるような質問が必要です。この例の場合なら、

「3Dだと、自分も映画の中にいるような気分になれるんだよね？」

「今までの特撮と、どういったところが違うの？」

「メガネをかけて見るって、どんな気持ち？」

このような質問をするといいでしょう。相手は具体的に答えやすく、それが糸口になって、話題が広がっていきます。

他にも、この「どうでした？」という質問をしないほうがいい場面があります。たとえば、取引先の新商品の評判を知りたい時に、

「あの商品の評判はどうでした？」

とストレートに聞くのは、ちょっと遠慮がありませんよね。このような場合は、

「新商品を発売されたのですね」

と言ったほうが相手の気持ちを損ないません。相手が返す言葉のニュアンスで、だいたいの評判はわかるものです。また、

「部長、昨日のゴルフはどうでした？」

と聞くのも、少し不躾《ぶしつけ》な感じがします。もし、芳しくない結果だったとしたら、部長は気分を悪くする可能性があります。こんな時も、

「昨日はゴルフだったんですね」

と、遠慮して尋ねるといいでしょう。部長が言葉を濁すようなら、もうその話題にはふれないほうがいいでしょう。同じような事例では、

「お子さんの受験どうでした？」

というのもあります。この場合も、

「お子様の受験も終わって、落ち着かれたのではありませんか」

というように、気づかった表現のほうがいいようです。

このように、「どうでした？」という言葉をうっかり使うと、相手に不快感を与える場合もあるので、気をつけましょう。

どうしても、質問が思い浮かばない場合、またはそれほどその話題に詳しくない場合は、基本に戻ってみましょう。「いつ？」「どこで？」「誰が？」「何を？」「どうして？」「どうやって？」という、5W1Hです。

先の3D映画の例なら、「へぇ、誰と行ったの？」と質問するのもひとつの方法です。

「彼女と行ったんだ」と、そこから会話が広がるかもしれません。

●聞き上手な人が会話のキーパーソン

雑談上手な人は決して饒舌《じょうぜつ》に話す人ではなく、相手に気持ちよく話をさせる聞き手です。たとえそれが気のおけない相手とのおしゃべりでも、はずむ会話の陰には、かならず優れた聞き手が存在します。

しかし、人間は誰だって自分が話したいものです。その話したい気持ちをグッとおさえて、相手の話を聞きつづけるのは、かなり意識的な努力が必要となります。特に関心のない話や、やたら長い話、自慢話や愚痴などは、いい加減に聞き流したり、適当にあいづちを打ちながら他のことを考えていたりしがちです。

このような聞く気のなさは、どんなにカモフラージュしているつもりでも、すぐに相手に伝わります。それは相手の話す気を失わせるだけでなく、機嫌を損ねて不愉快にさせることもあります。

逆に、聞き手がよいと、話し手は機嫌がよくなり、どんどん面白い話が引き出されるようになります。聞き手の善し悪しで、会話の善し悪しが決定されるというわけです。

では、実際に、話し手を満足させながら、多くの話を引き出すような聞き方とはどういったものなのでしょうか。

具体的には、

・穏やかな表情で（話題によっては微笑みながら）相手の目を見ながら聞き、話題にそったツボでうなずく。
・相手が言葉につまっても、沈黙にあせらない。
・わからないところは、確かめながら聞く。
・相手の話を要約しながら聞き、ところどころで言葉にして、相手との共通の認識をもつようにする。
・相手がどのように話そうか迷っているようなら、誘い水になるような問いかけをしてみる。
・早急に結論を出さず、相手をゆっくり理解するつもりで聞く。

このようなものがあげられます。

大切なのは、「私はあなたの話が聞きたいんです」という姿勢です。これさえあれば、相手は気持ちよくしゃべってくれるに違いありません。

第3章

相手が心地よいと思う雑談を

●NOやBUTは誰でも嫌がる

想像してみましょう。自分の話に相手が、「うん、そうそう」「わかる！」「そうだよね」と言ってくれるシーンを。たぶん、気持ちよく話す自分のイメージが湧くのではないでしょうか。そのことからわかるように、楽しい会話や、はずむ話には「同意」や「共感」が欠かせません。

しかし、話す相手が常に自分と同じことを考えているとは限りません。そうなると同意ばかりもしていられないでしょう。

たとえば、職場の同僚が会社の近くにできたレストランの話題を振ってきたとします。

「俺、この前、〇〇亭のナポリタンを食べてきたんだ。うまかったなぁ」

しかし、あなたはその店の料理に悪い印象を持っていたとしたら、

「ええ、あの店がおいしい？　ありえないよ」

「うそうそ、あんな店がおいしいなんて、舌がおかしいんじゃないの？」

と反論してしまうかもしれません。そうしたら相手は、

「いや、あそこのナポリタンはうまいよ！」

とムキになって反論してくるか、

「ふーん、君の口には合わないのかもね」

と、答えるかもしれません。いずれにしても、楽しい雑談に発展させるのはかなり難しくなるでしょう。

でも、たとえ自分がまずいと感じていたとしても、

「え、ナポリタンがうまいんだ。いいこと聞いたな。次はそれを頼もうっと」

「ナポリタンはうまかったのか。実は俺、ドリアを頼んだら、今一つの味だったんだ。あの店はパスタの方がいいのかもしれないな」

このように切り返したらどうでしょうか。決して気まずい雰囲気になりませんね。

大切なのは、相手の話を頭ごなしに否定しないこと。ＮＯやＢＵＴで切り返されると、誰でも気分はよくないからです。

また、この会話では、最初に相手が「うまい」と言っていますから、相手の感情がわかりやすいのですが、

「俺、昨日のランチで、○○亭のナポリタンを食べてきたんだ」

とだけ言ったとしましょう。この段階では相手が料理に対して良い感情を持っているのか悪い感情を持っているのかはわかりません。つまり、同意しようにも相手の感情が見え

ない状態です。

こんな時は、

「あ、俺も行ったよ。ドリアを食べたんだ」

と答えればいいでしょう。これなら、「店に行った」「ドリアを食べた」という情報を伝えただけなので、相手がどう切り返して来ても問題ありません。または、

「俺はドリアを食べてきたよ。ナポリタンはどうだった？」

という聞き返し方もあります。こう質問すれば相手がどんな感情を抱いているかを聞き出せますし、その答を聞いてから話を合わせられます。

相手が、「まずかった」と言ったら「俺もまずかった」と正直に話せばいいですし、「うまかった」と言ったら、完全に同意しないまでも否定的な言い方を避ければいいのです。

また、別の切り返しとして、とりあえずポジティブな答え方をしておく、というパターンもあります。

「俺、この前、○○亭のナポリタンを食べてきたんだ」

「へえ、俺も行ったよ。なかなかいい店だったよな」

このように答えれば、相手が良い感情を持っていた時に気まずい空気にならずにすみま

す。「じゃあ、相手がまずいと思っていた時はどうするんだ？」と言われそうですね。

そんな時は、

「あれ、そうだった？　俺、腹が減ってたから何でもうまく感じたのかもな」

と切り返せばいいでしょう。これなら、相手の言い分を否定せず、自分も嘘をついたことにはなりませんね。

●愚痴っぽい雑談にはこんな対応を

「相談に乗ってください」と前置きしてから会社の愚痴や悩みを話す人もいれば、なんとなく、雑談の中からポロっと本音が出てしまうケースもあります。

たとえば、

「自分はこの仕事に向いてないなって、最近思うことが多くって。それで、会社をやめようかなって考え始めているんです」

「最近、なにやってもダメなんです。やっぱりこの仕事が向いてないんですよね」

などと言われたとしましょう。こんな時、本音を打ち明けてくれた嬉《うれ》しさや、自分は頼られているんだという責任感から、「励まさなければ！」「何とか元気になってやる気を出させなければ」と思う人が多いようです。

そのため、

「一度や二度の失敗でそんな弱気になっていてはダメだ」

「苦しくっても逃げずに努力すれば、必ず報われるよ」

などと言ってしまいがちです。

たしかにそれは正論かもしれません。しかし、心が弱って愚痴をこぼしている相手に正論を振りかざしたところで、「なんだ、この人もそんなふうにしか言えないのか」と、かえって相手を失望させてしまいます。

こういう時に大切なのは「同意」や「共感」です。だからこそ、

「そうか、仕事に向いてないって感じるんだね」

「会社を辞めたいと思ってしまうのか……」

のように、話し手の言葉や内容を繰り返し、相手の気持ちをそのまま受け止めてあげればいいのです。同意や共感を得られると、話し手はホッとして救われた気持ちになります。

そして、安心して正直な感情をどんどん吐き出してきます。

不安や悩みを思いっきり吐き出すと、不思議と気持ちが落ち着いてくる経験は、だれに

もあるでしょう。たとえ解決策を導き出せなくても、ただ話を聞いてもらえるだけで救われた気持ちになり、聞いてくれた人に感謝するはずです。

だれでも落ち込むことはあります。そんな時、ただ話を聞いて共感してくれる人がそばにいてくれるのは、とても幸せなことなのです。

●いつのまにか、自分が会話の中心になっていませんか

気がつくと、自分の話をみんなが聞いている。それは、自分が「話し上手」だから自然とそうなってしまうのだと思っていませんか。でも、それは自分が話をひとり占めしているだけとも考えられます。

会話というのは、話を合わせ、お互いが話し手、聞き手になって成り立たせるはずのものですが、人は誰でも自分が話すほうが好きです。ただし、たいがいの人は、人の話に割り込んでまで自分の話をしようとはしないので、結果的に、おしゃべりな人、弁が立つ人が話を独占してしまい、自分のことばかり話すようになりがちです。

しかし、これでは一方は気分よく満足するかもしれませんが、一方は不快になります。本当の意味での会話ではありません。

自分が「話し上手」と自負している人や、いつの間にか話を独占していることが多い人は、自分の話が面白いからみんなが聞き手になっているのではなくて、相手の話をとってしまっているだけではないかと、反省する必要があります。

とくに頭の回転が速く、仕事のできる人ほど要注意です。というのは、そういう人は相手の話の先がすぐに読め、問題の核心をつかめるので、話し手を思わず遮って、自分の意見を言ってしまうことが多いからです。その意見が正論なので、相手は反論もできません。結局、話を独占することになります。

確かに、ビジネスにおいては、それが効率的な場合があります。しかし、相手は自分の話を遮られてあまりよい気持ちはしません。仕事はできるけれど、あまり話をしたくない人として敬遠するようになるでしょう。

もし、自分ばかりしゃべっているなと感じたら、

「あなたは、どう思いますか？」

と、さりげなく話す機会を譲る心配りをみせましょう。黙っているのは、あなたの話に聞き入っているのではなくて、自分が話す機会を待っているにすぎないということを覚えておいてください。いつも自分は話し過ぎていないか、チェックするべきです。

会話というのは、自分のことをしゃべり、相手の話にも熱心に耳をかたむけて、はずんでいくものです。

また、人の話を奪いがちなタイプの人の場合、次のようなパターンもあります。

「夏休みに、ハワイに遊びに行ってきたんだ」

「へぇ、実は僕も去年ハワイに行ったんだよ。楽しかったな。サーフィンとかスキューバダイビングなんかやってさ、あ、そうそう、スキューバなんだけど……」

相手がせっかく自分のハワイ旅行の話をしようとしているのに、その話題を奪いとって自分の話を始めてしまうのです。

この例のような人は、ただ自分勝手なだけで、みんなから嫌われてしまうでしょう。

他にも、「あ、そうそう、そういえば……」などと、相手の話の腰を折って自分の話をはじめたり、「え？　それどういうこと？　もっと正確に言ってよ」と、話の途中でどうでもいい疑問をさしはさんだり、「つまり、こういうことだよね」と、相手に最後まで話させず、自分の結論を押しつけようとしたりするのも厳禁です。まず、相手が話し終わるまで聞く姿勢を身につけましょう。

●自分の話を2割に

雑談は、お互いが聞き手と話し手になって盛り上げていくものなのですが、これをきっちりと五対五の割合としたら、どうしてもお互いに、「自分は話し足りない、聞いてばかりだ」と感じるものです。

相手が心地よく満足する割合は、八対二くらいと考えていいでしょう。相手が話す分量が八で、あなたが話す分量が二です。これだけ遠慮しても、相手は五分五分ぐらいにしか感じないものです。

「人は話すことによって、心が癒《い》やされる」といわれます。カウンセラーの仕事はひたすら相手の話を聞くことだそうですが、これは、たとえ具体的なアドバイスがなくても、話を聞いてもらっただけで相談者の心が落ち着くものだからです。

人は、自分の言いたいことを言いたいだけ言い、それを相手が真剣に聞いてくれた時に、自分が受け入れられ、自分の存在が認められたと安心します。そして、受け入れてくれた相手に好感を持ちます。

この八対二の法則は、プライベート以上にビジネスでは重要な意味を持ちます。トップ営業マンは、例外なく聞き役に徹しています。顧客は、自分の言いたいことを言い、熱心にその話を聞いてくれる相手にこそ好意と信頼を寄せるのです。このふたつを手に入れれば、ビジネスは成功したも同然でしょう。

「八対二の法則はわかったけれど、人の話ばかり聞いていては、こっちが欲求不満になってしまう」と思いますか。

心配はいりません。話を聞いてもらった人はあなたに好意を持ち、また話してみたいと思うはず。そしてコミュニケーションが深まっていくと、相手はあなたのことをもっと知りたいと思い、あなたの話を聞いてくれるようになります。そうやって、良い人間関係が築かれていくのです。

●夫婦の雑談も大切にしましょう

最近では珍しくなくなった熟年離婚。その理由の一つに「気持ちのすれ違い」があげられます。そして、そう感じているのは夫ではなく圧倒的に妻の方だそうです。

たとえば、妻が「今日はいい天気ね」「この紅茶、香りがいいでしょ」「そろそろ梅が見ごろになるわね」のように、暮らしの中であれこれ話しかけているにもかかわらず、夫は返事をしない、したとしても生返事ばかりという夫婦が少なくないのです。

夫としては、「そんな取るに足らない話にいちいち付き合う必要はない。肝心な話にはきちんと耳を傾けているのだから文句はないだろう」という気持ちなのでしょう。

しかし、雑談はその内容よりも「相手と向かいあう」「言葉のキャッチボールを行なう」ことが大事なのです。ですから、どんな内容であっても、それなりの対応をしてほしいと思うのは当然でしょう。

高校生の娘を持つ主婦A子さんも、雑談に応じようとしない夫に不満を抱えていました。最近、扱いが難しくなった娘の愚痴をこぼすと、夫は決まって、

「思春期だからだろ」

「お前がきちんとしつけろ」

と、A子さんをぴしゃりとシャットアウトしてしまうのです。そのたびにA子さんは、「夫はわかってくれない」「私は大切にされていない。孤独だ」と感じていました。コミュニケーションを拒絶されているのですから、そう感じても不思議ではありません。

そして、こうした不満がどんどん積もっていき、ある日ついに崩れてしまったのです。A子さんは夫に離婚を切り出しました。

夫は「何を血迷ったことを言ってるんだ。俺がお前をいつないがしろにした」と大慌て。

A子さんから三行半《みくだりはん》をつきつけられて、やっと事の重大さに気づいたというわけです。

何度も繰り返していますが、雑談は人と人がつながるために、とても大切なものです。

たとえ気ごころ知れた夫婦であっても、いや、気ごころが知れていればこそ、そこに胡坐《あぐら》をかかずに、積極的に雑談を楽しみ、よい夫婦関係をキープしていく必要があるのです。

●ねぎらいやいたわりの言葉ですべてが変わる

他人をねぎらったり、いたわったりする言葉があります。

たとえば風邪をひいて休んでいた同僚が出社したら、

「熱が高かったんでしょう？　もう、大丈夫？」

雨の日にやってきた営業マンに、

「雨の中、ありがとうございます。大変でしたね」

というような言葉です。

このような問いかけに対して、「ええ、大丈夫です」といった返事が返ってきて、会話がそこで終わってしまったとしても、相手はホッとし、あなたに好印象を持つはずです。

すると、人間関係が一歩前進するため、次に顔を合わせた時には、何気ない会話が交わせるようになるでしょう。

このようないたわりの言葉がさりげなく出る人は、日頃から他人が困っていることや苦労していること、煩わしく思っていることなどに気づく、心の優しい人です。ただ言い方には、少し要領があります。

「今日は、大降りの雨ですね」

「今日は、暑いですね」

これでは、ただの時候の挨拶《あいさつ》です。相手は「そうですね」「ほんとうに暑いですね」で終わってしまって、あなたの心遣いに気づきません。

「大降りの雨で、大変だったでしょう？」

「さぞ暑かったでしょうね」

というように、相手を主人公にする表現にすると、相手はあなたの気遣いを感じるのです。

挨拶のあとにちょっとしたねぎらいの言葉をプラスすると、そこに安らいだ雰囲気が生まれ、コミュニケーションが深まります。

たとえ相手の苦労に気づいていても、そんなことをわざわざ言わなくても感謝していることはわかっているだろうとか、気遣いの言葉なんか言うのは恥ずかしいからと、言葉にしない人がいます。男性に多いようですね。

でも、相手はあなたの気持ちをわかっているとはかぎりません。部下の扱いに困っている人、気難しい仕事相手に戸惑っている人、不機嫌な妻に閉口している人などは、一度ねぎらいの言葉をかけてみてはどうでしょう。

●立場の違う人との会話では意見を押しつけない

世代が違う人、立場が違う人との雑談は難しいと考えている人が多いのではないでしょうか。話が途切れないように話題を探すのに精一杯。話がはずむなんて夢のようだと思うかもしれません。

それは、話をはずませるにはお互い理解しあわなければならないという思い込みがあるからです。

でも、はっきり言えば、お互いを理解する必要はありません。というのは、雑談の根本は、気持ちの共感。話術ではなく、コミュニケーション能力だからです。

「そんなのはおかしい、間違っている」と相手の価値観を否定したり、「私のほうが正しいんだ」と自分の考えを押しつけたり、「知らないからわかりようがない」と拒絶するのではなく、相手の気持ちにスポットをあてるようにすればいいのです。

まず、会話のきっかけは、できるだけ共通の話題を選びます。

「暑くなってきましたねぇ」

「明日から連休ですね」

「年末で忙しくなってきましたねぇ」

など、天候やカレンダーの話で糸口をつかむといいでしょう。

年配の人にありがちな話題に、

「俺たちの若いころは、まさに二十四時間仕事づけだった」

このようなものがあります。こう切り出されたら、「時代錯誤もはなはだしい」とか「自慢話なんて聞きたくもないよ」と否定するのではなく、まず、

「大変だったんですねぇ。僕なんか考えられませんよ」

と共感します。そして、

「そんなに働いて楽しかったのかな？　不満はなかったのだろうか？」

「どんなことで息抜きしていたんだろう？」

「奥さんや子どもは文句を言わなかったんだろうか？」

「健康面は大丈夫だったんだろうか？」

と、相手の気持ちにそった質問をしていけば、会話が続くはずです。

また、逆に会話の相手が年下の場合、

「僕たちは、デートでもなんでも割り勘ですよ」

こう言われたら、

「そんなのはおかしい。男が金を出すものだろう」

「自分の力で女性を楽しませてやろうという気持ちはないのか」

「甲斐性《かいしょう》のない。だから最近の男は駄目なんだ」

などの自分の価値観はグッと飲み込んで、とにかく一度、相手の世界を受け入れます。

「へぇ、今の若い人はデートも割り勘なんだ」

それから、

「彼女は、文句を言わないのかい？」

などと質問して、彼らの価値観や生き方を教えてもらいましょう。新しい考え方を知ることは、視野を広げ、発想を柔軟にしてくれます。

世代や立場の異なる人とは話が合わないと最初から決めつける「食わず嫌い」はやめて、とにかく、「あなたは～だった（なの）ですね」と、相手の考え方や習慣を受け止めることからはじめましょう。

いろいろな考えの人と話し、コミュニケーションを深めていくことは、とても楽しいはずです。

●「こんな話題わかりっこない」という思い込みを捨てる

上司と部下の間に横たわる「コミュニケーション不足」の溝。その一因に、若い人の「こんな話題わかりっこない」という思い込みがあります。

たとえば、アニメが大好きな若手社員に、「君の趣味は何？」と聞いたとします。もし同世代の人に聞かれたのなら、

「アニメ。最近はまってるのはやっぱり『進撃の巨人』かな。あれはさ～」

のように答え、雑談に発展していくでしょう。しかし質問したのが年の離れた上司だとしたら、「どうせ、アニメの話なんてしたってわかりっこないし」と考え、

「特にはないですけど……」

のように答えるケースが多いようです。もちろん、「個人的なことを話したくない」という気持ちが根底にあるからかもしれませんが。

しかし、上司や年上の人たちは「わからなくても若い人の話を聞きたい」という気持ちを持っています。それが、その人自身を理解するきっかけになるからです。

また、若い人から仕入れた話題を別の場所でネタにすることもあります。たとえば、お客様との雑談の中で、

「最近○○がすごいブームらしいですよ。品切れ続出で、ネットオークションじゃ十倍以上の値段がつくんだそうです。いや、我々には想像がつかないですよね」

「今時の女の子の爪ってキラキラしてるじゃないですか。あれって、サロンに行ってやってもらうらしいですよ。時代を感じますよね」

といった具合に使うのです。

若い人たちは、「こんな話題わかりっこない。だから話してもしかたない」と考えますが、上司側にとってはわからなくても、その話にはちゃんと価値があるのです。

また、「わかりっこない」と思っていたテーマが、実は年配者にも共通している場合もあります。たとえば、

「○○君の趣味って何？　休みはどんなことしてるの？」

「趣味は特にないですけど、休みの日は、録画しておいたアニメを見たりします」

「あ、そう。私もアニメ見るよ。中学生の息子の影響だけどね」

「え、部長、アニメなんて見るんですか？　何をご覧になるんですか？」

「そうだなあ、『ワンピース』も『黒子のバスケ』も見てるよ。でも、最近はやっぱり『進撃の巨人』かな。あれ、結構見ごたえあるよね」

「まじですか？　自分もみんな見てるんですけど！」

など、意外な共通点も見つけられるかもしれません。

若い人たちは「おじさんの趣味はゴルフとグルメ」のように、決めつけているところがあります。もちろん、年配の人たちも「最近の若い人たちは」と勝手なイメージを持っています。しかし、おじさんたちにも若者にも、いろいろな趣味やいろいろな価値観を持った人がいるのです。

それを知る第一歩が「雑談」でしょう。そこを入り口にして、人間関係はどんどん広がっていきます。だからこそ、「わかりっこない」という思い込みを捨てて、年齢・性別などに関係なく、大いに雑談を楽しんでほしいものです。

●聞き上手な人は質問が上手

話をはずませるためには、聞き上手になることが大切です。そして、聞き上手になるためには、相手が気持ちよく話してくれるような質問をしなければなりません。

しかし、話しはじめてすぐに難しい質問や突拍子もないことを聞かれたら、相手はどうしてそんな質問をされるのかと、戸惑うでしょう。

会話にもウォーミングアップが必要です。はじめは、あたり障りのない答えやすい質問をするのがベスト。オーソドックスなところで、天気の話題などです。それも相手がイエスと答える尋ね方をします。


「今日は、よく晴れていますね」

「そうですね」

「天気がいいと、気持ちも爽《さわ》やかになりますね」

「ええ、ほんとうに」

「こんな日は、仕事なんかしないで、どこか散歩にでも行きたいですね」

「はは、そうですね。そうもいかないでしょうけれど……」

このように、相手に何度もイエスと言わせることで、相手は前向きな気持ちになって心を開いていってくれます。すると雰囲気もよくなり、その後の会話もスムーズに流れていくはずです。もう一例紹介しますと、

「今日は金曜日でしたよね」

「ええ、そうです」

「明日から三連休ですね」

「そうですね」

「○○さんは、どちらかへ遊びにいかれる予定はおありですか？」

このように、会話はどんどん進んでいきます。

つまり、気候やカレンダーなどの話題について、答えがイエスになる質問をしていくうちに、お互いの緊張や警戒心をとりのぞいて、会話の調子を合わせていくわけです。こうして雰囲気がよくなれば、会話は自然にはずんでいくでしょう。

●「ありがとう」「おめでとう」という雑談

人と話すのは苦手という理由として、自分は誰かと話したいと思っているけれど、何を

話していいかわからないという人がいます。また、傷つけられるのが嫌で、他人との関係に消極的になっている場合もあると思います。

こんなことを言ったら嫌われるんじゃないだろうか、バカにされるんじゃないだろうか、または、何か気の利いたことを話さなければならないといった思いが頭をよぎり、積極的に話ができないのだと思います。

しかし、そんな心配はいりません。雑談は、自分が何を話すかではなく、相手に対する思いやりで成り立つものです。かっこいいことを言って、相手を敬服させるものではないのです。

それよりも、相手が何を話したいのか、どんな気持ちをわかってほしいと思っているのか、それをじっくり聞いて受け入れてあげるだけで話ははずみます。

そして、なによりも大事なのは、自分から「あなたと話がしたい」というメッセージを送ることです。話しかけてもらえるのを待っていては始まりません。勇気を出して一歩を踏み出してください。

そこで、雑談のキーワードを教えましょう。

ひとつめは「ありがとう」です。

感謝を示されて怒る人はいません。ですから、どんどん感謝の言葉を口にしましょう。わざわざお礼を言うような特別なことはそうそうないと考えるのは間違いです。人との出会いのすべて、日常の些細《ささい》なことにも感謝できるように意識してみると、

「今日はお忙しいところお越しくださって、ありがとうございました」

「楽しいひとときを過ごさせていただきました。ありがとうございました」

「お時間をつくっていただき、ありがとうございました」

こんな言葉が自然に出てくるようになります。

目上の人や仕事関係の人たちばかりではありません。対等な人、目下の人、家族にもどんどん感謝するべきでしょう。

「手伝ってくれてありがとう」

「つきあってくれてありがとう」

「毎日ご飯をつくってくれてありがとう」

「洗濯物を畳んでおいてくれてありがとう」

いつもは心で思っているだけで口に出さないことでも、どんどん言葉にしていくのです。どうしても恥ずかしい場合はメールでもいいのですが、やはり直接口にするのがベスト。

こう言われたら、誰でもいい気持ちになります。

もうひとつの言葉は、「おめでとう」です。

他人の喜びや成功、出世を祝福してあげるのです。人間はどうしても、自尊心や妬《ねた》みから、人の幸せを素直に喜べないこともあります。でも、もし自分に何か嬉しいことがあった時、誰からも「おめでとう」と言ってもらえなかったとしたら、とても悲しいはずです。逆に、「おめでとう」「よかったね」と言ってくれる人がいたら、いっぺんにその人に好意をもち、もっと話してみたいと思うでしょう。

ですから、「おめでとう」はどんどん言ってあげましょう。昇進や結婚、子どもの誕生のような大きなイベントでなくてもいいのです。もっと小さなこと、たとえば彼女ができたとか、試験にパスしたとか、手に入りにくいチケットが買えたなど、とにかく相手が喜んでいる時には「おめでとう」が使えます。

相手が喜んでいる気持ちに共感して祝ってあげられるのは、人間関係を深めるうえでもとても大切です。どんな会話技術も、これにはかないません。

いつも相手のことを気にかけているという気持ちが伝われば、それだけで会話ははずんだものになります。たとえば、

「今日、○○さんの誕生日だね。おめでとう」

家族でも親友でもない人にこう言われたら、嬉しいでしょう。同様に、

「たしか、○○さんはシャガールが好きだったよね」

などと、以前聞いた話を覚えていて、後日持ち出すと、相手は喜んでくれます。それだけ自分に関心をもってくれていると思うからです。こんな言葉を口にするだけで、「話していて楽しい人」になれるのです。

●飲み物があると雑談しやすい雰囲気に

会議の最中に、話が途切れて沈黙が流れることがあります。そんな時、目の前に飲み物があるとつい手が伸びませんか。

その理由は、沈黙という緊張状態にあって喉《のど》が渇くからかもしれません。が、それ以上に、何か発言しなくてはいけないけれどうまい言葉が思いつかず、とりあえず飲み物に逃げようとしているのでしょう。それは、沈黙が嫌でスマホや携帯をいじり始める心理と似ています。

逆に考えれば、飲み物があればたとえ沈黙になったとしても、少しの間そこに心を置く

ことができます。ですから、自信がない人は、ちょっとした飲み物があるような環境で雑談にチャレンジすることをおすすめします。たとえば、会社の休憩室や食堂などは向いているかもしれません。

また、周りに人がいたり、何かしらの音がしている場所も雑談に向いています。なぜなら、一対一で向き合って話をするとどうしても緊張が高まるからです。真横に関係のない人がいては気が散りますが、視界の中に人が入るような場所のほうが安心できるでしょう。

多少ざわついているような場所や、ＢＧＭが流れているような場所も良いかもしれません。真っ暗な中より、薄く灯《あか》りがついている場所のほうが安心して眠れるように、雑談のように軽い話であれば、人の気配が感じられるような場所のほうがリラックスできるのです。

●喫煙ルームは話しかけるのに適した場所

日本ではここ十年ほどで禁煙が推進され、公共の場所ではもちろんのこと、社内禁煙も当たり前の時代になってきました。そのため、喫煙者は会社でも肩身の狭い思いをし、唯一喫煙が許された狭い空間で、肩を寄せ合うようにして紫煙をくゆらせています。

また、非常口の裏手のような陽の当たらない場所が喫煙場所になっていることも多く、何となく悲愴《ひそう》感が漂うイメージがあります。しかし、こうした場所ほど雑談に花が咲きやすいのをご存知でしょうか。

人は誰でも自分と共通点を持つ人に親しみを感じます。同じ年、同郷、趣味が同じなどが代表的な例です。そして、特に親しみを感じるのは共通した少数派です。

たとえば、映画が趣味の人同士が話をすればそれなりに盛り上がるでしょう。しかし、フランス映画しか見ない人同士、和製ホラーマニア同士のように少数派同士の盛り上がりには到底かないません。

共通点は少数派であればあるほど盛り上がるので、社内の人間のほとんどが煙草を吸わず、ごく少数の人たちだけが喫煙しているような場合は、より強い仲間意識が働いて、ぐっと距離が縮まるのです。だからこそ、雑談に花も咲くのでしょう。

もしあなたが煙草を吸うのであれば、喫煙ルームで声をかけてみましょう。

「こうしてコソコソ煙草を吸いに来ると、悪いことしているような気持ちになりますね」

「喫煙者はどこでも虐げられる存在ですね」

「また値上がりするんですよね。まったく弱い者いじめだと思いませんか」

などのように話しかけたら、きっと相手も雑談に乗ってくるでしょう。

喫煙所に咲く友情。ちょっと煙たいイメージがありますが、もしかすると、雑談の延長で「じゃあ、一緒に禁煙に挑戦しましょうか」といった話に展開するかもしれません。

第4章

こんな話題が好かれます

●受け止めてもらえることが、最高の快感

人は自分を認めてほしい、自分の気持ちをわかってほしいと思って話をします。本当に聞いてほしいのは事柄ではなく、気持ちです。ですから、良い聞き手は話し手の気持ちに共感し、それにふさわしいあいづちを打って「あなたのことはよくわかってますよ」とメッセージを送ります。

このような聞き手にめぐり合うと、自分をありのまま受け入れてくれたと感じます。そして、「取るに足らない話題でも、あの人となら会話がはずむ」「あの人と話していると楽しくて、ついつい時間を忘れてしまう」と思うものです。

このように、会話をはずませるために一番大切なことは、相手の気持ちに共感することです。では、その相手の気持ちというのは、いったいどんなものでしょうか。

喜怒哀楽とひとくちに言いますが、喜びひとつをとっても、ついているなと感じたり、感激や満足だったり、天にも昇る気持ちだったりと、それは千差万別です。たとえば、

「映画のチケットをもらった」

「売り上げ成績でトップになった」

「恋人ができた」

以上は、すべて喜びです。でも、その度合いはそれぞれ違いますね。すべてに「よかったですね」と答えることはできますが、それでは相手は満足できません。ただの社交辞令で、ほんとうに自分の気持ちをわかってくれてはいないと感じます。

相手に共感していると示すには、感情の度合いによって、それにふさわしい表現をするべきです。先の例なら、

「チケットをもらったの？　それはラッキーだね」

「成績がトップなんて素晴らしい。努力の成果だね」

「恋人がいると毎日が幸せだね。うらやましいよ」

このような表現がふさわしいでしょう。

どのような言葉がふさわしいか、よくわからないという人は、もし自分が相手の立場だったら、どう感じるだろうと想像してみるといいでしょう。そうすれば、自然とその場にふさわしい表現が出てくるようになり、会話も広がっていきます。

相手が落ち込んでいる場合も、相手が欲しがっているのは励ましの言葉ではなく、共感して受け入れてくれる言葉です。落ち込みにも軽いショックから絶望まで、程度の強弱があるので、その状況に合った言葉を慎重に選ばなければなりません。

「昨日買ったバッグ、今日見たらセールになってたのよ」

「彼女、俺と別れてすぐに俺の同僚と付き合いはじめたんだぜ」

「やっと契約書にサインというところまでいったのに、突然キャンセルされたんだ」

「いろいろ話し合った結果、妻とは離婚することになりました」

このように、いろいろな落ち込みがあります。では、どんな共感の言葉がふさわしいでしょうか。

「一日違いでセールだったの？　それはへこむよねぇ」

「君の同僚と？　随分ひどい話だね」

「どんでん返しってやつか。がっくりくるよね」

「そうですか……。それはつらいでしょう」

以上のような言葉ではどうでしょうか。「ショックだね」ひとつですますのとは、大違いだとわかります。

どのような言葉がふさわしいかは、感受性の問題です。日頃から、人の気持ちに敏感になるように、アンテナを働かせましょう。

●わからないことは「教えてください」

人と話す時、どんなことに気をつけていますか。

他人に好かれるため、嫌われないために気をつかって会話する人もいますが、それでは疲れるでしょうし、自分も楽しいはずがありません。そのようなネガティブな雰囲気は、結局は相手にも伝わり、会話は楽しくはずんだものにはならないのです。

たとえば、相手が趣味などの話をはじめたけれど、自分は興味がない、知らない分野のものだったとします。それでも、話を相手に合わせないと悪い、嫌われてしまうと不安になって、思わず「○○って、とても楽しいですよね」と答えます。しかし、しょせん興味のないこと、無理に合わせてもすぐに底が知れてしまい、相手はしらけてしまいます。

こんな時は、

「実は、わたし勉強不足で、○○はよく知らないんです。ぜひ、教えていただけませんか？」

と、正直にあっさり言ったほうがいいのです。

誰だって知らないことはあります。知ったかぶりをしたり、無理に相手と同じ土俵に上がろうとする必要はありません。知らないことは、「教えてください」と素直に言ったほうが、あなたの好感度は上がります。

相手もそう言ってもらえると、安心して自分の好きな話を続けられてうれしいはずです。あなたにとっても、今まで知らなかった世界に触れる機会を得て、視野や見識を広げることができるのです。

「○○は、きっと楽しいのでしょうね」

このように、相手の気持ちにそった言葉をかけるのもいいでしょう。相手が楽しそうな顔で話すのを聞いていると、自分と話してこんなに楽しそうにしてくれていると思い、自分までうれしくなってくるはずです。

「何を話すか」よりも、お互いに楽しい、うれしいと思えるような会話こそが、ほんとうにはずんでいくものです。

そして、夢中になって話しているときには、素の性格や人柄が表れてくるものです。そんな会話を通して、さらに深い人間関係が築けるでしょう。

●危ない質問に注意

「昨日、みんなで飲みに行ったんだ」

同僚が楽しそうに話しかけてきた時、

「へぇ、みんなって、誰？　職場の人？　それとも会社とは全然関係ない友達？」

このような言葉を返したとします。特に興味があるわけではないけれど、「へぇ」と言うだけでは無愛想で悪いと思い、興味があるふりをしただけなのですが、質問されたほうはどう感じるでしょうか。話の出ばなをくじかれたように思うのではないでしょうか。

相手が話したかったのは、誰と行ったかではなく、店の雰囲気がとてもよかったとか、珍しいお酒がおいてあったとかいうことだったかもしれません。

そうだとしたら、せっかく話題を盛り上げようとして問いを投げかけたのに、相手は、自分の話を聞く気がないと感じてしまうかもしれません。

質問上手は聞き上手といいますが、質問には適切な内容と適切なタイミングが求められます。なんでもかんでも、やたらに質問すればいいというわけではありません。まずい質問は、相手に自分の話を否定されていると取られかねないので要注意です。

無難な方法としては、誰と行ったかなどという事実を問うのではなく、相手の気持ちにそった質問をしてみるのがいいでしょう。先の例では、

「へぇ、みんなで行ったんだ。楽しそうだね」

「で、飲み会は盛り上がった？」

このような質問で相手の話を促してみるのです。

はずむ会話は、相手が話題にしたいことがなにかを探っていくところにあります。そこへ流れていくような質問ができるのが会話上手といえます。

「このジャケット、昨日買ったばかりなんだ」

と話しかけられたら、

「高そうだね。いくらしたの？」ではなく、

「よく似合っているね。今年の流行の色でしょう」

など、さりげなく問いかけるほうが、会話ははずむに決まっています。

●相手が「うれしい」と思う話題を

ビジネスでは、「この人は人間的に信頼できる」「一緒に仕事をしてみたい」「一緒だと成果が出せそうだ」と相手に思ってもらうことが大事です。会話を通してそんな関係を生み出すには、どうしたらいいでしょうか。

それは、相手が話してうれしいことを聞いてあげることです。

そのためには、日頃から相手に興味をもって接するようにします。そうすれば、相手がどんなことを聞かれるとうれしく思うかがわかってきます。

聞かれてうれしい話題とは、どんなものでしょう。イメージをはっきりさせるために、まず聞かれてもあまりうれしくない話題から紹介してみましょう。

「こちらで営業をなさっている△△さんをご存知ですか？　実は、同窓生なんですよ」

「いいえ、存じあげないですね」

「え、そうですか。会社ではわりと有名だって聞いていたんですが……。営業の△△さんですよ」

「うーん、誰だろう」

なんとか共通の話題を探ろうとした質問だったのかもしれませんが、大きな会社になればなるほど、このような結果になりがちです。何ともしまりのない会話ですね。これは聞かれても大してうれしくない話題の典型かもしれません。

このケースでは、相手はどう答えていいのか困惑しています。たとえ、相手が△△さんのことを知っていて話が広がったとしても、しょせんそれは関係のない第三者の話で、相手は興味をもちません。

先に話したように、相手のことを興味をもって見ていれば、相手自身のことを話題にできます。それが、聞かれてうれしい話題なのです。

「○○さんは、以前、営業部にいらしたというお話でしたよね」

「ええ、そうですけど。それがなにか」

「いや、今回考えられた戦略は、実際に営業経験のある方でないと浮かばないだろうと、改めて思ったもので」

「そうですか？　いや、そんなふうに言っていただけると、うれしいなあ」

誰でも、自分のことや、自分の取り組んでいることを聞いてもらえるとうれしいものです。特に、この例では、以前自分が話したことを覚えていて話題にしてくれているという点で、さらにうれしいでしょう。

●相手を枠に押し込めない

「子どもが成人して、子育てが終わった夫婦ってどんなものなんだい？　やっぱり会話もないんだろうね」

自分のことをよく知りもしない相手からこんなふうに聞かれたら、「余計な御世話だ。

ほっといてくれ」と言いたくなるのではないでしょうか。それとも、どうしてそんなことを聞かれるのか、質問の意図がわからず、「どんなといわれても、別に普通だけど……」くらいしか言えないかもしれませんね。いずれにしても、会話ははずまないでしょう。

どこがまずいかというと、質問者が「中年夫婦には会話もない」という自分の枠を前提に話しているところです。自分自身がそうなのか、またはドラマや小説に出てくるステレオタイプをそのまま当てはめているのかもしれませんが、すべてをひとくくりにしてしまう考え方は、改めたほうがいいでしょう。

世の中には、本当にさまざまな人や考え方があります。もちろん、会話のない中年夫婦もいるでしょう。しかし、子育てが終わったので気兼ねなくふたりでゆっくり旅行に出かける夫婦もいますし、人生もうひと花咲かせようと、新しい事業を始める夫婦もいるのです。

自分の枠に相手を押し込めてしまうのは、目の前の相手を見ていないということです。この人はどんなことを考えて、どんなことが好きなのか、なにか困っていることはないのかなど、その人個人を理解しようとする努力を怠っているに他ならないのです。

会話をはずませるための方法は、何度も話しましたが、相手に興味をもつことです。今日からは、自分の枠は捨て、目の前の人をそのまま受け入れるように心がけましょう。そうすれば、自然によい話題が浮かんできます。

「子育てを終えた夫婦というのは、お互いに戦友みたいな感じなのかな？」

「子どもが独立したら、夫婦ふたりで遊びに行ったりするのかな？」

先と同じような内容でも、このような質問なら、

「そうですね。会話がなくてもお互いのことはわかってるのかな」

「いや、もう会話もほとんどありませんよ」

など、「会話がない」という答えは同じでも、この後の話は広がっていくはずです。

●話題がみつからない！　さあ、どうしよう

会話をはずませるためには、話し手に自分の気持ちをたくさん表現させてあげるのが一番です。先を急いだり新しい話題をふったりせず、話し手の気持ちにそって質問していけば、相手は「それでね」と、どんどん話を続けてくれる……はずなのですが、どうもうまくつながらない。そんなこともありますね。

こんな時は、相手の気持ちだけではなく、お互いの気持ちに焦点をシフトしてみてはど

うでしょうか。お互いの気持ちの共通点を探ってみるのです。
あなた「今日は、ほんとうに天気がいいね」
相手「そうだね」
あなた「こんな日は、仕事なんかほっぽり出して散歩でもしたいね」
相手「そりゃ無理だろう」
あなた「ははは。そうだけど、せめて昼休みくらい公園で弁当を食べないか？」
相手「いい考えだけど、弁当なんか持ってきてないよ」
あなた「コンビニで買えばいいじゃないか。コンビニ弁当も結構うまいんだよ」
相手「なるほど、その手があったか。いいね、行ってみよう」
このように、自分の気持ちを正直に言ってみると、相手も「なんだ、僕もだよ」と正直に気持ちを話してくれます。あとは、止まっていたボールが転がり出すように、会話は続いていくでしょう。
ここでは、「仕事なんかほっぽり出して」のように、気持ちを少しオーバーに表現するのがコツです。相手はあなたが気持ちをオープンにしてくれているとわかり、その気持ちに共感しやすくなるからです。気持ちを見せることで、話しやすい雰囲気をつくるわけです。

相手がノッて話しはじめたら、後は「へぇ」とか「わあ」とか「そうだね」とあいづちを打つだけで十分です。そして相手が質問してきたら、なるべく素直に答えましょう。

お互いに気持ちをオープンにすると、相手に受け入れられたという安心感が生まれ、いくらでも会話が行き交うようになります。この例では、ランチの約束までこぎつけましたね。

●ささやかなエピソードを糸口に

親しい人とのはずんだ会話を思い出してみてください。楽しい会話とは、互いの気持ちを伝えあっている会話ではないでしょうか。この原則は、会話の相手があまり親しくない人でも、ビジネスシーンにおいてでも、変わりません。

確かに、お客様や取引先とは、友達同士のように話すことはできません。しかし、ささやかなエピソードであなたの気持ちや人間性を伝えることは、ビジネスにも有効です。

気持ちを伝えるといっても、もちろん、いきなり「悲しくて泣き濡《ぬ》れたこと」や「怒りに震えたこと」「絶望で夜も眠れなかったこと」など重すぎる気持ちを伝えるということではありません。少し笑えるような可愛いものがいいのです。しかも日常会話や挨拶《あいさつ》からさりげなく持ち出せるような話題です。たとえば、

「今日は午後から雨が降るようですよ」

「ええっ、傘を持ってこなかったのに。また、買わなきゃ」

「また?」

「ええ、僕、朝雨が降ってないと傘を持たずに家を出ちゃうんですよ。だから、家にはコンビニの傘が売るほどたまっているんです」

また、

「今日、ギリギリで電車に駆け込んでホッとしていたら、行き先が違う電車だったんだよ」

「あらあら」

「おまけに、それが特別快速で、ずいぶん先まで降りられなくて散々」

「お気の毒に。駆け込み乗車はダメってことですよね」

このような話なら、相手も微笑ましく聞いてくれますし、あなたの意外な人間性にふれて好意を持ってくれるでしょう。自分のちょっとしたドジや情けない気持ちを相手に見せ

ることで、相手の心の中に飛び込むことができるのです。

このように、天気や日常生活の中のささやかなエピソードをオープンすると、コミュニケーションの糸口がつかめます。その後の交渉事も、きっとスムーズに運んでいくはずです。

●たかが雑談とバカにはできません

ビジネスシーン、特に交渉や営業では、雑談は重要ではないと考えている人も多いのではないでしょうか。

しかし、あなどってはいけません。誰でも仕事の話は真剣に聞いて頭にたたき込み、メモをとります。しかし、雑談となると、単なる息抜きと考え、適当に聞き流しているものです。そこで、逆に、雑談の中の何気ない言葉や些細《ささい》なことを覚えておくと、強い印象を残す場合もあります。

人間は自分に関心を示してくれる人間が好きです。相手が話した些細なことを覚えておいて、何かの機会にふとそのことに触れれば、相手は、そんな小さなことまで覚えてくれているなんて、いつも自分の話を注意深く聞いてくれている、自分に関心を持ってくれているんだと、うれしく思うでしょう。

商品の売り込みでライバル社と競っているような時や、先方が仕事を任せる先を迷っている時など、あなたのちょっとした心配りのある雑談が、仕事をゲットすることにつながるかもしれません。

相手の言った些細なことを覚えておくためには、気を入れて話を聞いていなければなりません。雑談だと思って頭を休めていたり、他のことを考えていたりしてはダメです。相手の話す内容を頭で具体的にイメージ化して聞くようにしましょう。イメージをともなった事柄は脳に残りやすいからです。

この「些細なことを覚えておく」作戦で、営業マンのＳさんは取引先の絶大なる信頼を得ました。ある日のこと、Ｓさんは取引先の担当者が、指先にばんそうこうをまいているのに気付きました。

「指、ケガされたんですか？」

「ええ、資料の整理をしていたら、ホチキスの針で引っ掛けちゃったんです」

「そうですか、私もたまにやりますが、結構痛いですよね」

その時は、そんな会話で終わったのですが、次に取引先を訪ねた時に、Ｓさんの鞄《かばん》の中

にはある物が入っていました。それは、「針を使わないホチキス」です。そして、打ち合わせが終わった後に、

「これ、よかったら使ってください。この前、ホチキスの針でケガをされたとおっしゃっていたので、お役に立つかなと思いまして」

と言って、それを差し出したのです。

担当者は大感激。Sさんの株はグーンとあがりました。それも、雑談の中の些細なことをしっかり聞き逃さず心に留め、次の行動を起こしたからです。ホチキスの値段は500円程度でしたが、Sさんが得た信頼は遥《はる》かに大きいものになりました。

●たまには、本音を言ってみるのもいい

あなたが大切なプロジェクトのリーダーに抜擢《ばってき》されたとしましょう。もちろん、大役を任されたのは、仕事ができ、明るく前向きなところが認められたからです。晴れがましさと闘志で、心は沸き立っているでしょう。

でも、同時にちょっと不安もあるはずです。たまには、その弱気をポロリと言ってみる

のも、人に好かれ、親しみをもたれる秘訣なのです。

そして、そんな弱気な一面を出すのに、雑談は最も適したタイミングといえるでしょう。

たとえば、だれかに、「プロジェクトを任されるなんて、すごいな」のように言われた時、

「ここだけの話だけど、胃がキリキリするほど緊張してるんだ、情けないよな」

「こう見えてストレスに弱いんだ。最近抜け毛も増えたような気がするし……」

などと言ってみるのです。

いつも愚痴や不満ばかりでは嫌われますが、たまの本音なら、聞かされたほうは、「日ごろ弱音なんか吐かない人でも不安になることがあるのか」と、親近感をもってくれるでしょう。そして、フォローしてくれるはずです。

世の中、やたらとポジティブ、ポジティブともてはやしているので、「弱音を吐く＝ダメな人間、やってはいけないこと」と思い込んでいる人もいるようです。でも、たまに弱音を吐いても、一生懸命に頑張っていれば、だれもあなたのことを駄目な人間とはいいません。

ただあまりに弱音を吐く回数が多いと「また愚痴を言ってる」と敬遠されるので、「たまに弱音を言う」の「たまに」のさじ加減がポイントです。弱音の内容も、「もうダメだ。

死にたいよ」といった重い表現はＮＧ。もう少し柔らかな表現がいいでしょう。

「仕事におわれてここ一カ月、部屋の掃除をしてないんだ。人間以下の暮らしだよ」

「今までなんとか切り抜けてきたけど、今度ばかりは厳しいかもしれない」

このような言い方だと、相手も好意的に受け取り、「手伝ってあげよう」「頑張ってね」と言ってくれます。

この「たまに本音」は、恋愛において絶大な効力を発揮します。いつもは弱音を吐かない凛々《りり》しい彼が、「ちょっと疲れちゃったな」とため息交じりにもらしたりでもしたら、彼女は彼に惚《ほ》れ直すこと間違いありません。強くて頑張り屋の彼が、自分だけに弱みを見せてくれたということは、自分は彼にとって特別な存在だと思うからです。ただし、いつも弱音を吐いていると、愛想をつかされますので気をつけて。

●小さな相談をしてみる

「相談なんかしたら相手に迷惑じゃないだろうか」とか、「面倒くさい奴だと思われるかも」などと思い、人に相談事をもちかけるのをためらう人も多いようです。

もちろん、あまり親しくない人に深刻な相談をしたら、迷惑がられることは確かです。

けれど、ちょっと聞いてみるといった程度の小さな相談は、雑談の格好のネタになります。

「今週末、彼女とデートするんだけど、若い女の子が喜ぶようなレストランを教えてくれないかな」

「取引先に御礼の気持ちを贈りたいんだけど、なにがいいだろう？」

「カットの上手な美容院をご存知ないですか？」

といったものなら、気軽に答えられるのではありませんか。

相談を受けた人は頼られていると感じ、うれしく思うはずです。人間関係を深める絶好のチャンスになるわけです。相談の後日、

「君が教えてくれたレストラン、彼女もものすごく気に入ってくれたよ。僕にこんなセンスがあるなんて、見直したって」

「あら、それは私のセンスじゃない」

「ごめん。僕の手柄にしちゃったよ」

「今度、おごりなさいよ」

このようにはずんだ会話に進展するでしょう。また、

「○○との交渉、あまりうまくいってないのですが、お知恵をお貸しいただけないでしょ

うか？」

と上司に相談をもちかけ、上司とのコミュニケーションを深めていくこともできます。

また、相談はなにも下から上にでなくても、上から下にでもかまわないのです。最近、子どもとの会話がないと嘆いているお父さん、

「ツイッターってどうやるんだ？」

と尋ねてみてはどうですか。

「え、お父さん、ツイッターやる気なの？」

などと、会話がはずんでいくかもしれません。

●おばちゃんパワーを見習おう

若い世代の人たちが年配の人とどんな話をしていいかわからないと思うように、年配の人たちもまた、「若い人にこんなこと聞いたら良くないかな？」「こんなふうに話しかけたら嫌がられないだろうか」と思っているものです。しかし、実際に話してみると案外フランクな関係が築けるケースも少なくありません。だからこそ、もっと自信をもって話しかけてほしいのです。

そういう点で見習うべきは、俗に「おばちゃん」と呼ばれる中高年の女性たちです。彼女たちは、相手がだれであろうと、あまり構えずにどんどん話しかけます。

実際に目撃された例を紹介しましょう。

デパートの休憩用の椅子での出来事。20代の女性がスマホをいじっていると、隣に60代くらいの女性がやってきて腰掛けました。おばちゃんです。おばちゃんはスマホを操作する女の子の爪をじっと見つめたあと、いきなり話しかけました。

「その爪きれいね。自分でやったの？」

「あ、いえ、これはサロンです」

「そう。お皿とか髪の毛洗ったりしたら取れちゃわないの？　その、爪についてるキラキラしたやつ」

（女の子の爪にはラインストーンがついていました）

「これですか？　自分でつけると取れちゃうんですけど、サロンでやってもらうと上手だから、一カ月くらいは持ちますよ」

「ええ、そんなに長持ちするの。実はね、月末に姪《めい》っ子の結婚式に呼ばれてるの。私なんかがあなたみたいに爪をぬったら、笑われちゃうかしら」

「そんなことないですよ。うちのお母さんもやってて、評判いいですよ」

「そう。じゃあ私も挑戦しちゃおうかしら」

「よかったら割引券差し上げましょうか」

「あら、いいの？　ありがとう」

その後も、彼女たちはなにやら盛り上がって話をしていました。はたから見れば、先ほど知り合ったばかりとは思えぬ打ち解けようです。これも、中年女性が最初にかけた一言がきっかけ。雑談はこのように、何の関係もない人たちを一瞬にして結びつける力があるのです。

●スタンダードな雑談ネタ

雑談はテーマを決めて話すものでも、おもしろおかしく話そうとするものでもありません。なんとなく話し始めたら、あちこちに話が転がって行った。それが理想的な形です。

しかし、雑談なれしていない人に「なんでもいいから話せ」というのは酷でしょう。

そこで、スタンダードな雑談ネタを紹介したいと思います。

雑談初心者であれば、定番の「天気・カレンダー・仕事」の話題から始めてみるといいでしょう。

「今日は午後からひと雨くるらしいですよ」

「明日から12月、一年は早いですねぇ」

「最近、お仕事は忙しいんですか？」

などです。

また、他にも衣食住、つまりファッションや食べ物、住居に関する話題があります。

「おしゃれな洋服ですね」「可愛いバッグですね」

「このワインはおいしいですね」「お好きな物は何ですか？」

「お住まいは、どちらのほうですか？」

　他にも、ビジネスセミナーなどで紹介される「キドニタテカケシ」があります。この暗号のような言葉は、話のネタの頭文字を集めて並べたものです。

キ……季節、気候など
ド……道楽　つまり趣味の話
ニ……ニュース　大きな事件やスポーツ、芸能の話題など
タ……旅　観光地や特産品、グルメなど

テ……テレビ　テレビ番組やタレントの話
カ……家族　家庭生活や共通の友人など
ケ……健康　医者、薬、健康維持のための運動、スポーツなど
シ……仕事、会社、職場など

しかし、「今日は天気がいいですね」と切り出しても「そうだね」と答えられてしまうと、会話はそこで終わってしまいます。それに、先にあげた話題の中でも、相手とそれなりにつき合いがあって、はじめてできるものもあります。

そんな時は、最後の手段です。その場の風景や状況を話題にしましょう。

・いまいる「場所」について話す

「私はこの町は初めてなんですが、○○さんは来られたことはありますか？」

「あそこに、あんなビルが建ったんですね。気がつかなかったなぁ」

「この時間の新幹線は、いつも混みますね」

・そこにある「調度品」や「装飾品」について話す

「見事な壺《つぼ》ですね。もしかして伊万里《いまり》ですか？」

「この店のインテリアは素晴らしいですね」

・そこから見える「風景」や「建物」について話す

「あの高い建物はオフィスビルでしょうかね？」

「晴れた日には、とても綺麗《きれい》な富士山が見えるんですよ」

このように、話題はいつもあなたのまわりに転がっています。

●グループでの会話、どんな話題がいいの？

職場はもちろん、会合や接待パーティなど、複数の人と会話をする状況はたくさんあります。それにもかかわらず、グループでの会話を苦手と考えている人も多いようです。

何を話していいのかわからない、話すタイミングがつかめない、自分から話さないとポツンと取り残された感じになる、話題を考えていなかったのに「あなたも話したら」と言われてあせってしまう等々、その理由はいろいろあるでしょう。

しかし、グループでの会話はそんなに難しいものではありません。なぜなら、基本は一対一の時と同じだからです。

それでは、具体的に話しましょう。

まず、会話をはずませるために大切なことは何でしたか。それは、相手の話をじっくり聞く、よい聞き手になることでしたね。グループでの会話でも、それはまったく同じです。心の中で「つまらない」「退屈」「早く終わらないかな」などと思っていては、その思いが表情や態度に出てしまいます。グループの他のメンバーもいい気分はしないでしょうし、話もはずみません。

だから、すべきことはひとつ。誰かが話している時は、その人を見て、話し手の話に「えー」「へぇ」などと大きくうなずいたり、笑ったり、感心したりして、「あなたの話をしっかり聞いていますよ」とメッセージを送ることです。

そんな態度がグループの雰囲気を明るくし、会話をはずませます。つまり、面白い話をしなくても、その場のムードメーカーになることができるわけです。無理に話そうとあせる必要はないのです。

そのうちに、誰かから「○○さんは、どうなの？」と、話をふられるでしょう。他の人は黙ってあなたを見て、あなたが話し出すのを待っているのですから、こんなに話しやすい状況はありません。メンバーの話を無理にさえぎって話すこともないのです。

しかし、逆に、みんなに注目されると緊張してよけいに話せないという人もいます。緊張のあまり、

「○○さんは、得意なスポーツってありますか？」

「いえ、別に、何もありません」

などと答えて下でも向いてしまおうものなら、質問した人は「まずいことを聞いちゃったかな？」と気づかい、そこで話をやめてしまいます。

やはり、答え方にもマナーがあります。質問されたら、聞き手が次の質問をしやすいように、少し自分の情報開示をしてみましょう。

「いえ、特にはないんです。でも、健康のために毎日散歩はしているんですよ」

と答えれば、「健康」や「散歩」の言葉から、会話が次の段階に進んでいく可能性がおおいにあります。

会話というのは、ある程度自分のプライベートな部分を言わないと広がっていかないものです。ちょっぴりオープンにすることで、他のメンバーも気持ちが和らぎ、自分も話してみようかなという気になるものです。それが、会話がはずむきっかけです。

グループでの会話の場合、話題はやはり全員が参加できるものでないといけません。そのためには、誰もが知っているようなネタを雑誌やテレビなどから集めておくのもいいでしょう。会合やパーティなど、前もってその予定や参加するメンバーの年齢層、職種、男女比などがわかっていれば、みなに共通するような話題をいくつか用意しておきます。そうすれば、余裕をもってパーティにのぞめるはずです。

第5章

オフィスでも役立つ雑談パワー

●「どう思われるか」を意識しすぎない

雑談に抵抗を感じる人にその理由を聞いてみると、「口下手だから」「上手な話ができないから」と言います。

何度も繰り返し話していますが、雑談はそんなに気負う必要がない会話です。さほど重要でない話を、ゆるく投げたり投げ返されたり。そんなやりとりが互いの距離を縮め、関係を深めてくれるのです。

しかし、雑談に苦手意識を感じる人は、「自分がどう思われているか」を一番先に考えてしまうため、肩の力を抜いた話ができません。つまり、自意識が高いのです。

けれど、よく考えてみましょう。雑談は一人でするものではありません。二人もしくは数人とするものでしょう。それなのに、「自分がどう思われるか」「変なことを言って白い目で見られたくない」と、自分のことばかり考えるのは少々幼いように思えます。自分にばかり意識を向けず、会話に参加する相手のことを考えるように心がけるのが大事です。

たとえば、数人で話している時には何も言わないのに、後で仲の良い人には「○○だと思った」「△△だと感じた」と言う人がいます。その人は、「みんなの前で変なことを言って笑われたくない」「何か発言して目立ちたくない」と考えているから、そういった発言の仕方になるのでしょう。

しかし、こうしたタイプの人は、たとえ悪意がなかったとしても、周囲の人からあまり良く思われません。なぜなら、陰口を言っているように見えるからです。

言いたいことがあるのならその場で言う。もしその場で言わないのなら、他の場所でも言わない。それが賢明なやり方でしょう。

ただ、言いたいことを腹の中に溜《た》めこむのは精神衛生上好ましいとはいえません。やはり、その場で吐き出してしまったほうがすっきりします。会議や発表の場で発言するなら、一つ一つ言葉を選ばなければいけませんが、雑談の中での発言など、相手はそれほど気に留めていません。ナーバスになる必要はないのです。

●視線をどこに向けていますか

楽しい雑談をするためには、視線も重要な役割を持っています。たとえば、話をはじめても、自分の方を見ないで、あらぬ方を見ている相手には、もうそれ以上話す気持ちがなくなりますよね。「なんだ、私の話に興味がないんだ」「聞く気がないなら、もういいや」と思ってしまうからです。

話している相手に顔を向ける。「そんなこと、言われなくたってわかってる」と思うかもしれませんが、考え事をしているときなど、つい上の空でそっぽを向いたままになることは珍しくありません。基本中の基本ですが、話を聞くときには必ず顔を相手の方に向けましょう。

また、会話や挨拶《あいさつ》の時には、アイコンタクトも大きな効力をもっています。アイコンタクトは視線とは少し違います。挨拶の時などの「目と目が合う」という状態が、アイコンタクトです。お互いにお互いの目に焦点を合わせ、目が合ったことを認知しあっているという状態です。つまり、片想いではないということです。

アイコンタクトは強い意志の表示になります。

話す時には、お互いの目を見ろとはよく言われることですが、会話の間中ずっとアイコンタクトをしていては、逆に気詰まりで話ははずみません。とくに雑談のような軽い会話なのに、相手からじーっと目をみつめられたら息が詰まってしまうでしょう。

ですから、相手の顔をぼんやり見るか、目の下あたりに視線を持っていくのがベストです。これなら失礼になりませんし、相手も威圧感を感じずにすむでしょう。

アイコンタクトは、会話中、ここぞという時に用いましょう。話す場合も、話を聞いている場合も同じです。

自分がどうしても伝えたい熱い思いを語る時には、アイコンタクトを効果的に使います。

たとえば、

「この商品、ほんとうにお買い得なの？」

とお客様に聞かれ、

「ええ、もちろんです。○○のメリットがあります」

と答えたとします。「○○のメリット」というところでアイコンタクトすると、気持ちは言葉以上にお客様に伝わります。大事なことだからといって、ずっとアイコンタクトしていると、お客様は威圧感を覚えてあまりいい気持ちはしません。そこで、「○○のメリット」と言う時以外は、目の下あたりに視線を移すといいでしょう。

聞き手の場合は、話し手の熱い思いがこもった言葉を受け取った時や、自分が何か強く感じた時にアイコンタクトを使います。それ以外の時は、目に焦点を合わせることはしませんが、視線は顔からはずさないようにします。

視線とアイコンタクトの違いをふまえて効果的にそれぞれを使うことで、お互いの気持ちは通じ合い、会話ははずんだものになるのです。

●相手の矛盾を追及しない

時に、それは間違っているなと思うことを聞かされることがあります。誰だって思い違いや言い間違いはあるものです。それをいちいち、「それはおかしいよ」「間違っている」と言い咎《とが》めるのは、大人気ないといえるでしょう。

相手は、たとえあなたが正しいことを言ったとしても、プライドを傷つけられ、不快感を覚えるものです。こんな時は、「ああ、思い違いをしているな」と自分の胸の中に収める度量を持ちたいものです。

特に雑談は、議論の場ではありません。互いに良好な関係を築くためのコミュニケーションの一つなのです。そのことを忘れてはいけません。

ただ、仕事上の支障がある場合や、ある程度親しい間柄で、今後その人が他の場面で恥をかいては可哀相だと心配な場合は、間違いを訂正してあげるべきです。その時も頭ごなしに否定するのではなく、

「あ、そうなんだ。僕は○○だと思ってたよ。僕の思い違いだったかなぁ」

と、さりげなく相手に自分の間違いに気づかせてあげるようにすると、人間関係を損な

うこともないでしょう。

また、

「友情だなんて口では言ってても、人間はしょせん自分だけを大事にしているんだ」

のように、自分とはまったく違う考え方を聞かされた時、あなたならどう答えますか？

もし、相手にもう少し考えてほしい、考えを改めてほしいと思うなら、

「そんな考えは絶対おかしいよ！」

といきなり決めつけるようなことを言うのは逆効果です。人は、他人から頭を押さえつけられるようなことを言われると余計に反発して冷静さを失います。ここは、いったん、

「そうなんだ。君は、みんな自分が一番大事だと思って生きていると思っているんだね」

と相手の考えを受け止め、その後で、

「君のご両親は、君を大切に育ててくださったと思うけど、そんなご両親もやはり自分のことしか大事にしていなかったと思うのかな？」

このような問いかけをするといいでしょう。

相手は、あなたの質問について考えるうちに、自分の矛盾に気づいていきます。そして、その場では言わないかもしれませんが、内心では自分の考えを訂正しようとするはずです。

人は、他人から頭ごなしに言われたことには納得しませんが、自分で気づいたものには素直になるものなのです。

間違っていると思っても、いったんは受け止めてあげる優しさを持ってください。そうすればきっと、より深い人間関係を築くことができるでしょう。

●雑談でほめると失敗がない

日本人はどちらかといえば、ほめるのが苦手だといわれています。しかし、ほめられて嫌な気持ちがする人はいないのですから、雑談の中にもどんどんほめ言葉を取り入れたいですね。

「でも、ほめるようなところって、そうそうないのでは？」と思う人も多いでしょう。しかし、それは違います。

そもそもなぜ人をほめるのか。それは、「私はあなたに好意を持っています」「私はあなたとお近づきになりたい、仲良くなりたいんです」というメッセージ代わりではないでしょうか。だからこそ、「ほめるところがあるかないか」を考える必要などありません。

極端な話、とりあえず目に入ったものをポジティブに受け止めて言葉にすれば、それだけでほめ言葉になります。

たとえば、誰かが万年筆を持っていたとしましょう。そんな時は、

「その万年筆、かっこいいですね」

「すてきな万年筆ですね」

のように言えばいいのです。

「え〜、そんなお世辞みたいなこと」と思われるかもしれませんね。確かに、改まった表情でしみじみと「いい万年筆ですね」などと言えばお世辞臭く感じたり、「この人、私のことをヨイショしてるのかな？」と思われるかもしれません。

しかし、そこが雑談の良いところ。軽くさらっと言えるから、違和感なく相手の心にすっと届くのです。

そして、持ち物以上にほめるのが難しいのが「人」だ、と思いこんでいる人が多いのですが、こちらも「相手に好意を伝えるのが目的」ということを踏まえれば、それほど難しくはありません。

たとえば、髪型を変えたり、新しい服を着てきた人を見たら、

「ヘアスタイルを変えたんだ、いいね」

「髪の毛切ったのね。とても似合うよ」

「素敵《すてき》な色のセーターだね」

「そのブラウス、とってもよく似合っているわ」

と言えばいいでしょう。

また、特に何か変わったところはないけれど、日常の中でほめるのなら、

「いつも元気だね」

「あなたと一緒にいると楽しいわ」

「がんばってるね」

など、あまりひねって考えず、シンプルにほめればいいのです。たまに、「え、なんでそんなふうに言うんですか?」と聞き返してくる、ちょっとひねくれた人もいます。そんな時には、

「別に。ただそう思ったから」

と答えればいいのです。これもさらっと答えるのがポイント。そうすれば相手も、「そうか、なんかうれしいな」と思ってくれます。

●相手に興味を示すだけでもいい

雑談はさらっと相手をほめられるので、とても便利です。

それでも、「やっぱりほめるのに抵抗がある」と思う人もいるでしょう。「すてき」や「かっこいい」「素晴らしい」「かわいい」といったワードを正面切って言うのが気恥ずかしいという人は多いのです。

そんな人は、「ほめる」の一歩手前の「相手に興味を持つ」というところからスタートするといいでしょう。たとえば、相手の着ているセーターをほめるとします。ストレートに言うのなら、

「素敵なセーターですね」
「とてもお似合いですね」

などのようになりますが、興味を持つという段階なら、

「シックなデザインですね」
「珍しい編み方ですね」
「どこで買ったんですか？」

などとなります。ほめ言葉が入っていなくても、「あなたに興味を持っている」「注目し

ている」という気持ちは相手に伝わります。それは相手にとって、とても心地良いことなのです。そして、

「ああ、このセーター、実は嫁さんのプレゼントでね」

などといった答が返ってきたら、雑談につなげるチャンス到来。

「そうなんですか。羨《うらや》ましいです」

「これ、手編みなんだよ」

「すごい、手先が器用なんですね」

「俺はよくわかんないけど、注文受けて編んだりしてるらしいんだ」

「かっこいい！　私も編み物やってみたいな」

「そういえば今度、編み物仲間で作品展をやるって言ってたな、良かったら来る？」

「いいんですか？　ぜひ行かせてください！」

といった具合に発展していくかもしれません。

ほめるのが苦手な人でも、会話を重ねれば、ほめやすいポイントを見つけられるようになります。特に、目の前にいる人をほめるのは気恥ずかしくても、その場にいない人（この会話であれば奥さん）をほめるのは抵抗が少ないはずです。

この会話のはじまりは、相手のセーターに興味を示した一言。それがなければ何も始まりませんでした。しかし何気ない一言がきっかけとなり、それまで会ったこともない奥さんにまでつながったのです。これが、雑談の持つ無限の可能性です。

●相手の性格にそって話してみよう

会話は相手があって成り立ちます。自分はおもしろいと思っていても、相手がおもしろいと思ってくれる保証はありません。

会話をはずませるためには、「相手がどのように感じているか」という想像力を働かせる必要があります。同じ話題でも、聞き手の性格によって反応は千差万別。聞き手の性格にそった話し方をしなければ、はずむ会話もはずまないものになってしまいます。

さまざまな人間の性格を簡単に類型化するのは乱暴なのですが、大ざっぱにでも分類しておけば、対応の手がかりにはなるでしょう。

代表的なものをいくつか紹介しておきます。

◇陽気で明るく争いを好まない社交的なタイプ

こういう人は、大ざっぱなところもありますが、常識的で、他に妥協する度量もあります。ですから、どんな話題をもちかけてもOKなオールラウンダー。最も話しやすいタイプといえるでしょう。

◇人付き合いが苦手な非社交的なタイプ

人の好き嫌いがはっきりしていて、お世辞を言ったり媚《こ》びたりが苦手。お世辞を言う人やその通俗性を軽蔑《けいべつ》する傾向があります。内省的で理論派でもあるので、こういう人には比較的硬い内容がおすすめ。時事ネタが得意な傾向があります。話のきっかけをふった後は、相手に話してもらい、こちらが聞き役に徹すると失敗がありません。

◇几帳面《きちょうめん》でまじめなタイプ

このタイプの人は、人と適当に合わせているように見せかけて、その実、頑固で他人の意見にはなかなか同調しない一面があります。なれなれしい態度や軽い話し方を内心快く思わない人もいますので、まじめな対応が無難です。

◇華やかで自己アピールが顕著な顕示型タイプ

わがままで、自分が中心にいると満足する反面、権威には弱いところがあります。こんな人はほめ言葉が大好き。「ちょっとほめすぎかな」くらいでちょうど良いタイプです。敬意を表すと機嫌よくしているので、わりと扱いやすいといえるでしょう。

もちろん、実際の人間の性格はもっと複雑です。この分類は参考くらいに考えて、自分自身の目で相手をしっかり見るようにしましょう。

●相手の「大好き」を覚えておく

誰にでも「これは大好き！」というものが一つや二つはあるものです。口が重い人でも、好きなものや得意なことには雄弁になります。だからこそ、雑談上手をめざすのなら、相手の「大好き」をしっかり押さえておきたいですね。

Ｙさんの上司のＨ部長は、頑固で気難しく付き合いにくいタイプ。もともと口数が少ないので何を考えているかわからず、彼の前に立つだけでＹさんは緊張し、つまらない失敗ばかりを繰り返していました。

そんなある日、Ｙさんは部長の出張に同行することに。新幹線では隣の席に座りましたが、天気の話をしても、仕事の話をしても会話が続きません。だからといって寝てしまうわけにもいかず、Ｙさんは気まずい沈黙におしつぶされそうになっていました。

ところが、その時、部長の携帯の待ち受けが、赤ちゃんの画像なのに気づきました。と同時に、職場の女性のおしゃべりを思い出したのです。

「部長ったら、初孫にはメロメロでね、携帯の待ち受けが孫の写真で、それも毎日取り替えてるらしいわよ」

そこでYさんは、

「部長、もしかして、その画像ってお孫さんですか？」

と問いかけてみたのです。すると、部長の表情が一瞬にしてほころびました。

「うん、初孫なんだ。咲子っていうんだけどね」

「そうなんですか、可愛いですね」

「まあね。もっと可愛い写真があるんだ。見る？」

そこからは怒濤《どとう》のごとく、孫自慢が始まりました。

娘が結婚して八年目にやっとできた孫であること、離れて住んでいるのでスカイプを使って孫の動画をリアルタイムで見ていること。最近はおもちゃ売り場を見るのが趣味になっていること、などなど。あまりに盛り上がりすぎて、あやうく目的の駅を乗り過ごしそうになるほどでした。

その出張を境に、Yさんは部長とのコミュニケーションがうまくとれるようになったといいます。「咲子ちゃん、大きくなりましたか？」と一言投げかければ、あとはあいづちを打つだけで話が盛り上がるとわかったからです。

もちろん、仕事面で部長の頑固さや気難しさが変わったわけではありません。しかし、孫にめっぽう甘いお爺《じい》ちゃんという人間らしい一面を知っているので、変に緊張したり気まずさを感じなくてすむようになったのです。

好きなものと得意なことは雑談の鉄板ネタといっても過言ではありません。いろいろな情報を仕入れて、その人別の「鉄板ネタ」をリサーチしておくと便利ですね。

●会話をはずませるための質問あれこれ

せっかく話をふられたのに、どんなことを言えばいいかわからず、やりとりが続かない、会話がとまってしまいそう……、誰にでも経験があると思います。

こんな時、相手から次々と話を引き出せて、会話を盛り上げていく、とっておきのノウハウを紹介しましょう。

それは、相手の話を聞いて、その情景や背後にあるものをイメージして質問することです。たとえば、

「彼女と夜景の見えるレストランで食事をしたんだ」

相手がこのような話をしてきたら、まず、あいづちを打って反応しますね。

「え〜、すごいなぁ」

と。この次にあたりさわりのないコメントをしてみましょう。

「都会の夜景って綺麗《きれい》だったろうな」

相手が「そうなんだよ。彼女ったら、感激しちゃって……」とどんどん話してくれたら、あなたはあいづちを打っているだけで会話ははずんでいきます。でも、

「ああ、綺麗だったよ」

「君も今度行ってみたら」

こんな一言しか返ってこない場合は困ったことになります。

「ああ、そうなんだ」「うん」と答えたのでは、会話はそこで終わりです。

ここで、まず夜景の見えるレストランをイメージしてみます。

「とても高級そうだね。どんな人たちが食事していた？」

「どんな料理が出たの？　やっぱりおしゃれな感じの料理が出るの？」

他にも人物にスポットをあてて、

「どんな服装で行ったの？　さすがにジーンズは無理な感じだよね」

「彼女もとびきりおしゃれしてきたんだろうな」

等々、情景をイメージするだけでどんどん質問が出てくるでしょう。

また、話に出てくる登場人物の会話にスポットをあてた質問をすると、会話はぐんと盛り上がります。なぜなら、それは聞き手であるあなたが知らないことであり、相手を主人公にしてあげる点で、話し手をのせることができるからです。

「ロマンチックな雰囲気だと、いつもとは違う会話になるでしょう？」

「彼女、喜んだでしょう？　なんて言ってた？」

すると、

「実は、彼女にプロポーズしたんだ」

といったドラマのような展開になるかもしれません。

「その人とはどんな話をしたの？」

という登場人物同士の会話にスポットをあてると、彼らの関係がわかったり、それを通して思わぬ人間性に触れることにもなります。

会話はやはり気持ちのやりとりです。会話が消えてしまいそうな時は、相手の気持ちを質問してみてください。

「そんな高級なレストランで食事をするなんて、緊張しない？」

「ワインのテイスティングする時って、どんな気持ち？」

一番いいのは、気持ちがいい方向にシフトした時をとらえた質問でしょう。

「夜景って、やっぱり感激するよね」

「キャンドルの灯《あか》りの中だと、彼女がよりいっそう綺麗に見えたんじゃない？」

情景を想像して、その時の相手の気持ちはどんなものかなと考えながら話を聞いていれば、質問はいくらでも出てくるはずです。

また、その時のことばかりではなく、話の前後にも思いをめぐらせてみると、

「窓際の席なんて、なかなか予約がとれなかったんじゃない？」

「なにかの記念日だったの？」

「その日のために、貯金してたとか？」

「そこのレストランで食事しようって、どっちから言い出したの？」

このような質問も出てくるのではないでしょうか。

会話を盛り上げるよい質問をするためには、日頃からイメージ力を磨くように心がけておく必要があります。そのためには、登場人物の気持ちを想像したり、情景を思い浮かべ

たりしながら小説を読むのもおすすめです。

●上司に声をかけられた時、うまく雑談するには

日頃はあまり関わりのない役職者に、会議が終わった直後や、廊下で擦れ違いざまに声をかけられることがあります。

「○○さん、仕事の調子はどう？」

などと尋ねられたら、あなたはどう答えますか？

どうと言われても、質問があまりに漠然としすぎていて、答えようがないと困惑してしまうでしょう。そこで、あたりさわりなく、

「ええ、まあなんとかやってます」

「はい、順調です」

と答えてしまう人が多いのではないでしょうか。

これで会話は終わりです。せっかく上司のほうから声をかけてくれたのに、あまりにもったいない。頑張って、会話をはずませましょう。

それには、次に相手が質問しやすくなるように、あるいは自分の話をしやすくなるよう

に話題を提供するのがポイントです。

「はい、新プロジェクトのメンバーに入れていただきましたが、なにもかも初めてのことで戸惑っています」

と、具体的な事柄を盛り込めば、

「ああ、あのプロジェクトは我が社にとって……」

と相手も話を続けていきやすいでしょう。

もし、「ああ、そう。頑張ってね」くらいにしか答えてくれない場合も、せっかくの普段は接点のない上司と話す機会ですから、もう少し食いさがってみましょう。

「新しいものを造るって、本当に大変なんですね。毎日が勉強の連続です」

このように、さらに話題をふり、またその反応を待ちます。「あなたと話したい」というメッセージを送り続けるのです。それでも、先方が黙っていたら、

「新しいものに取り組む時、なにか心構えのようなものはありますか？」

と、話題に関連した質問をします。そうすれば、相手は答えないわけにはいかないでしょう。

会話の入り口が単なる雑談だとしても、機転をきかせれば自らを売り込むチャンスにも

なります。そして、「話しかけられても大丈夫」という心構えがある人には、相手にそれが通じるのか、そうしたチャンスが巡ってきやすくなるようです。

備えあれば憂いなし、突然話しかけられてもさっと切り返せる準備はしておきたいものです。

そして、上役との雑談は引き際も大切。廊下での長話はいいものではありませんし、話しかけられたからといい気になって、ベラベラ話しこむようでは、できるビジネスマンとはいえません。ましてや、相手は自分より忙しい立場なのですから、ひとしきり会話が盛り上がったらさっと引くのが礼儀です。しかし、相手が相手なので、引き際には配慮が必要です。

「今日は、貴重なお時間をいただきありがとうございました」

「お話しできてうれしかったです」

と丁寧な言葉づかいで、相手をたてるような挨拶をしましょう。あなたは礼儀正しい人として相手の記憶に残ります。

また、声のトーンも明るいものにします。そうすれば、相手もつられて明るく挨拶を返し、お互い気持ち良く会話をしたなという印象が残ります。

そして、もっとも重要なのが、挨拶をしおわった後の余韻です。最後の一言をかわすやいなや、隣の同僚と話し始めたり、携帯を見たり、そそくさと場を離れたりしては、相手は「そっちが気になっていたのか」とか、「なんだ、そんなに忙しかったのか。話して迷惑をかけたかな」と感じ、せっかくの盛り上がった会話も後味の悪いものになります。

別れの挨拶をしてお辞儀をしたら、ひと呼吸おきましょう。ゆっくり五秒数えるくらいでしょうか。そして、それから次の行動に移ります。上司が歩き出してからもしばらく見送るくらいがいいでしょう。その余韻が、よい印象を生むのです。

●たまに顔を合わせるからこそ雑談すべき

同じビルの中で仕事をしていても、直接関わりのない部署や、違うフロアで働く人とは顔を合わせる機会が意外に少ないもの。そのため、たとえ同期入社でもだんだん疎遠になり、変に他人行儀になってしまうこともあります。

しかし、せっかく一緒の会社で仕事をしているのですから、その縁は大切にし続けたいですね。もし、わざわざ食事や飲みに誘うのは仰々しいと感じる人は、顔を合わせた時の会話を大切にするといいでしょう。

たとえばコピー機の前やトイレや廊下などで姿を見かけたら、そのままスルーせずに声をかけてみましょう。

「お、久しぶり」

「おお、久しぶり」

「どう、相変わらずツーリング行ってる？」

「うん。この前大阪まで行ってお好み焼き食ってきた、やっぱり本場はうまいよ」

「へぇ、俺もたまには足を延ばしてみるかな」

「それだけの価値あるよ」

「そうか。じゃあな」

時間にすれば十五秒程度。けれど、そのままスルーしたのと言葉を交わしたのでは、互いの印象はまったく異なります。

この会話の場合は、相手の趣味を知っているため話を振りやすかったかもしれませんが、そうでない場合でも、

「久しぶり」

「あら、A子さん、元気だった？」

「うん、同じ会社なのに顔を合わす機会少ないよね」
「本当ね」
「でも、今日は会えてラッキーだった」
「私も」
「じゃあ、またね」

このように雑談を展開できます。

こういった時、つい社交辞令で「今度、ランチに行こうね」「飲みに行こうね」と声をかける人がいます。もちろん、それが実現可能であればいいのですが、口先だけになると、「あの人、言うだけだからな」などと陰口を叩《たた》かれることも。その気がないのなら、誘い文句はやめた方がいいでしょう。

縁の糸は、言葉を交わさない時間が長くなればなるほど細く切れやすくなりますが、ほんのちょっと雑談をするだけで、またしっかりとつながります。

縁は財産。こうした雑談で大切につないでおけば、いざという時に頼りにしたりされたりできるのです。

●パーティでの会話術

最近は業界の集まりなどで立食パーティが増えています。着座して料理を出すより経費がぐんと抑えられますし、なにより、さまざまな人と交流しやすいのが魅力でしょう。

しかし、こうした場に慣れていない人は、顔見知りを必死で探して話しこんだり、一人ポツンと壁によりかかっていたり、ひたすら食べていたり、ひどい人になると椅子を運んできてスマホをいじったり……。これでは会社の看板を背負ってパーティに出席する意味がありません。

念のため、ここでパーティの基本マナーを押さえておきましょう。

・身内や知り合いばかりと話さない。
・一人の人と長話をしない。
・一人ぼっちのお客様には率先して声をかける。
・できるだけ多くの人と挨拶をする。
・紹介したい人たちを積極的に会わせる。
・椅子は年配の方や足の悪い方のためのもの、勝手に座らない。

などがあります。

これは、パーティの種類や規模に関係なく共通していえるマナーです。ビジネスマンなら頭に叩きこんでおきたいですね。

そして、パーティに参加したら、少なくとも数名の人と名刺交換ができなければ一人前とはいえません。とはいえ、知り合いも顔見知りもいない、楽しそうに話している輪の中に入っていく勇気もない人はどうすればいいのでしょう。

一番簡単なターゲットは、自分と同じようにポツンと取り残されている人です。彼らのほとんどは「居心地悪いな、誰か話しかけてくれないかな」と思っているので、話しかけるには最適の相手といえるでしょう。声かけの言葉もシンプルに、

「なんか皆さん盛り上がってますね。自分は知り合いもいないし、よそ者気分です」

などのように自分の気持ちをそのまま言葉にすればいいでしょう。あとは、

「申しおくれました、私、○○社の○○と申します」

と名刺交換につなげればいいのです。

また、もう少し上級テクニックになるのですが、盛り上がっているグループのところに行き、

「お写真撮らせてもらってもいいですか？」

と声をかけます。そして、スマホで撮った写真を「とっても素敵に撮れました。どうです、いい感じですよね」などと一緒に画面を見ながら、

「この笑顔、ロバート・デ・ニーロ風ですね」

「本物も素敵ですが、写真もいいですね」

など、写真をネタに盛り上がり、さらに雑談に発展させていきます。そして、

「せっかくよく写っているので送りますよ」

と、その場でメルアドまでゲットしてしまう人もいます。また、後日、名刺の住所にプリントアウトした写真と、一筆挨拶を入れて送る人もいます。どちらにせよ、相手には強く印象に残ること間違いなしです。

パーティ会場にはビジネスチャンスが転がっています。雑談パワーを駆使して、チャンスをつかみましょう。

●職場での雑談は無駄ではない

「仕事場での私語禁止」「無駄話は禁物」。もしかすると、新人教育の時にはこのような話があったかもしれません。しかし、実際に活気ある職場というのは、いろいろなところで

雑談が聞かれます。

「雑談なんかしていて仕事になるのか？」と思われるかもしれませんが、逆に雑談のひとつも飛び出さない職場は風通しが悪く、従業員の士気も下がりがちです。では、なぜ職場に雑談が必要なのでしょう。

仕事といえば、パソコンや書類に向かって真剣に取り組むというイメージがありますが、実は、業務の中には、頭を使わずに手だけ動かすものも少なくありません。たとえば、プリントアウトしたレジュメを会議用にまとめたり、ファイリングしたり、コピーを取ったりするシーンです。

こんな時は、黙り込んで作業するより、雑談混じりのほうがはかどります。また、同じ職場で仕事をしていても、常に業務が連動しているわけではありません。私語が禁止されてしまったら、コミュニケーションが取れなくなってしまいます。

日頃からコミュニケーションが取れていれば、誰かが席をはずした時や休みの際に補い合えますし、「何かあったときは助け合おう」という相互扶助の精神が培われます。しかし、必要以外に口をきかなければ仲間意識も希薄になり、また、お互いがどんな仕事をしているか見当がつかず、助けようにも助けられないのです。そういう意味でも、職場の雑談は重要な役割をはたしているといえるでしょう。

ただし、職場での雑談にはオンとオフの切り替えが大切です。こちらが手を動かすだけの作業だからといって、隣で真剣に頭を使っている人に話しかけたら大迷惑。それこそ、「くだらないおしゃべり」になってしまいます。

雑談で大切なのは、相手も雑談ができる状況にあるかどうかを確認すること。もし、相手も応じられるようなら、上手に話しかけましょう。ただし、時間は短くが鉄則です。

職場での雑談は、社員同士が仕事をしやすくするためのもの、職場の風通しをよくするためのものです。決して、お楽しみになってはいけないのです。

●「間」をよくすれば会話がはずむ

人が話しているのに強引に自分の話をしだす人や、自分ばかり延々と話し続ける人がいる一方で、相手の話を聞くだけでなかなか自分の意見を言えない人、言おうと思っていてもそれを切り出すチャンスが摑《つか》まえられず、結局何も言えないで終わってしまうという人もいます。こういう人たちは、会話のタイミングをわかっていない人たちです。

逆に、相手に十分話をさせてから頃合いを見計らって自分の話を切り出したり、思わず相手が聞き入ってしまうような話ができる人は、会話の間の取り方が上手なのです。

会話をはずませるためには、相手とのタイミング、間の取り方が重要になってきます。お互いがただ言いたいことを、言いたいだけ言い合っているのでは、会話にはならないでしょう。

講演会などでの上手な話し手は、聴衆の反応を見ながら間を計り、一瞬の沈黙をつくって注意をグッとひきつけて、結論や話のオチを言って感動させるテクニックを熟知しています。会話をはずませるのも、やり方は同じです。

会話の上手な間の取り方には、いくつかのコツがあるのでご紹介しておきます。
・ずっと話し続けず、時々間をおき、相手にそこまでの話が定着するようにする。
・意識的に沈黙の時間をつくって、相手が考える時間をつくる。
・相手に質問する場合も、漠然としたものではなく、いくつか選択肢などをあげ、相手が答えに困って話が中断しないように配慮する。
・自分の考えを主張するだけではなく、時々「～と思うのですが、あなたはどうですか？」と疑問を投げかけ、相手が話の内容をより深く考えるように仕向ける。
・言いたいことを一気に言い切ってしまわないで、ユーモアやエピソードをいれて余裕をもった語り口を心がける。

・相手の話にすぐに反応するのではなく、十分に時間をかけて答える。相手は、自分の言ったことをじっくり考えてくれていると感じ、あなたを誠実な人だと思うはず。

自分はどうもタイミングが悪く、会話を白けさせてしまうと感じている人は、これらのポイントを頭において話すようにしてください。徐々に、あなたは会話上手になっていくでしょう。

●頭の中で一度考えてから言葉にしよう

会話をはずませることができる人は、相手に気持ちよく話させる良い聞き手だと何度も話してきました。あたりまえのことですが、よい聞き手は相手より話しすぎないように心がけています。

そして、黙って相手の話を聞くということには、相手があなたに好意をもってくれる効果の他に、あなたをワンランクアップさせる秘密が隠されているのです。

あなたが会話の途中で少し黙ると、相手は自分が話す番だと考えて話し出します。その場合、あまり深く考えていない言葉、感情的な言葉が出てくる可能性が高いのです。なぜなら、相手は満を持して発言しようと考えていたわけではなく、思いがけず飛び込んできた機会に飛びついて話し始めたからです。

つまり、あなたがふっと黙ることで相手はポロリと本音を洩《も》らしやすくなるわけです。

では次に、このメカニズムを逆手にとってみましょう。

人は自分の話を聞いてもらいたがるので、できるだけ相手に語らせてあげるのがよい聞き手なのですが、やはり人の話を黙って聞くのは苦痛だし、ただ単に黙って聞いているだけでは芸がありません。

そこで、黙って相手の話を聞きながら、頭の中で会話をしてみることにしましょう。

「手に入ったお金は、その時その時で楽しく使いきったほうが幸せだよ」

（あなたの頭の中）『それは違うよ。そんなことしたら、大失敗するよ！』

この、頭の中のセリフをすぐに口に出してしまったら、相手は不快に思うでしょう。でも、黙って相手の話を聞いている間に、もう少し吟味すれば、その結果、

「そうした考え方もあると思うよ。ただ、僕は……」

と、より洗練された深い言葉になって口から出てくるのではないでしょうか。

頭の中のセリフのように、感情にまかせ思いついたままに話していては、決して話し上

手にはなれません。きっと失言も多いでしょう。

相手の話を聞きながら、同時に頭の中で会話をしてみる。それをベースにして相手の気持ちに配慮し共感を示すことができる人が聞き上手であり話し上手なのです。

沈黙は、相手に本音を言わせることもできるし、あなた自身を会話の達人にしてくれもする大切なアイテムです。

第6章

初対面の相手と話をつなげるルール

●初対面の印象は見た目が九九パーセント

聴覚、視覚、触覚、嗅覚《きゅうかく》など、人間にはさまざまな感覚があります。その中でも一番大きな役割を果たすのは視覚、つまり「見ること」です。初対面の相手に良い印象を与えたいと考えるのなら、まず目で見て「感じのいい人だな」と思ってもらえるようなアピールをすればいいのです。

出会った瞬間で悪い印象を与えてしまうと、「この人とはあまり話したくない」と思われ、会話をはずませるのが難しくなってしまいます。

でも、「見た目だけで感じがいいと思わせるなんて、そんなことできない」と思う人もいるかもしれませんね。しかし極端な話、「嫌な感じ」さえ与えなければいいのですから、それほど難しいことではありません。

では、具体的にどんな人が「この人とは積極的に話したくないな」と思わせるような「嫌な感じ」の見た目なのでしょうか？

一番嫌がられるのは何といっても「不潔な感じがする人」でしょう。ビジネスマンだったら、襟やそで口が汚れていたり、ズボンの折り目がなかったり、ワイシャツがしわくちゃだったりする人です。また、汗をぬぐっているハンカチにシミがついていたりしたら、それもかなり不快な印象を与えるでしょう。

プライベートでも、洋服にシミがついていたり、裾《すそ》がほつれていたり、毛玉があったりすると、良い印象からどんどん離れていってしまいます。とびきりおしゃれだったり、高級な服である必要はありませんが、その時身につけている服が最高の状態であること（汚れやほつれ、しわなどがない）が大切なのです。

また、肩にフケが落ちていたり、歯が汚れていたりするのもNG。指先も相手からは目が届きやすいので、汚れがたまっているようではいけません。

また女性であれば、落ちかかったメイクはだらしなく不潔な感じがします。ファンデーションが崩れていないか、口紅がかすれていないか、マスカラが滲《にじ》んでいないかなど、初対面の人と会う前には必ずチェックしておきましょう。

第一印象は人の心に強く残りますから、清潔感には十分に気を配りましょう。

●初対面の人には堅苦しいくらいの言葉遣いでちょうどいい

もしあなたが見知らぬ町に行き、そこで誰かに道を聞くとしたら、どんな聞き方をするでしょうか？

「ねぇねぇ、○○ホールに行きたいんだけど、どっちに行けばいいかわかる？」

「ちょっと、○○ホールってどこにあるの？　教えてよ」

もしこのような言葉遣いをしているのなら、社会人としての常識に欠けています。本人はフレンドリーなつもりかもしれませんが、周囲の人たちは単に「図々《ずうずう》しい人」「なれなれしい人」と思っているはずです。

「すみません。○○ホールに行きたいんですが、道順を教えていただけますか？」

「恐れ入ります。○○ホールへの道をうかがいたいのですが」

このように言える人は、社会人として合格。それはきちんと敬語が使えているからです。

敬語というと、「目上の人に使うもの」「偉い人と話すときに使う言葉」と考える人が多いのですが、実は「心的距離の遠い人」に使うのも敬語の働きの一つです。

心的距離の遠い人とは、わかりやすく言うと、知らない人や、つきあいのないような相手のことで、対極にあるのが家族や友人といった「心的距離の近い人」です。

ですから、「敬語は堅苦しくて苦手」という人でも、初対面の人と話す時には敬語を使うべきでしょう。たとえ相手が年下であっても、それは同じです。

特にビジネスの世界では、相手と適度な距離をとらなくてはいけませんから、敬語が使

えるかどうかで、第一印象が大きく分かれてしまいます。たとえば出会ったばかりの人に対して、

「今日って、めっちゃ天気がいいっすよね」とか、

「電車が混んでて、まいっちゃいましたよ」

といったなれなれしい言葉遣いをすれば、どんなに優秀で人間性が優れていたとしても、「モラルに欠ける人」「距離感がつかめない人」として敬遠されます。そして、その人の勤めている会社や商品まで低い評価を与えられてしまうかもしれません。

親しくもない人に、いきなり体を近づけて話しかけられたら不快なように、言葉遣いにも距離が必要です。だからこそ、初対面の相手に話しかける際には、「ちょっと堅苦しいかな？」と思えるくらいの話し方がちょうどいいのです。

●質問が尋問になっていませんか？

あなたにとって「話が盛り上がる相手」とは、どんな人ですか？　きっと、共通の話題を持っている人ではないでしょうか。たとえば同じ趣味を持っていれば、その話で盛り上がれますし、職場が同じだったり、共通の友達がいたとしたら、そのことを話題にできま

すね。

しかし相手が初対面の場合は共通の話題がわかりません。だからこそ、話の糸口を見つけようとして、あれこれ質問してみるのです。

ただし、この時に気をつけなくてはいけないのが、質問がいつのまにか尋問になってしまわないことです。たとえば次の会話を見てください。

A「Bさんのご出身は東京ですか？」
B「いいえ」
A「ご結婚はなさっているのですか？」
B「はい」
A「お子さんはいらっしゃいますか？」
B「いいえ」
A「結婚して間もないんですか？」
B「はい」
A「奥様も東京のご出身ではないんですか？」
B「はい」

Aさんの問いかけに対して、Bさんはすべて「はい」か「いいえ」で答えています。もちろん違う答え方もあったかもしれませんが、とりあえずイエスかノーかで答えられる質問ばかりだったからでしょう。

このように、「はい」か「いいえ」で答えられる質問の仕方を「クローズクエスチョン（閉じた質問）」といいます。

そして、Aさんは自分の聞きたいことを次々に質問しています。こうなると、Bさんは、尋問を受けているような気分になるかもしれません。自分には話す機会が与えられず、質問攻めにされているのですから当然でしょう。AさんとBさんは交互に話してはいますが、これでは会話をしているとはいえません。

質問すること自体は悪いことではありませんが、相手が話しやすいような質問の仕方を心がけるのが、初対面の人へのマナーです。こんな場合なら、

A「Bさんのご出身はどちらですか？」
B「私、長野県の出身なんです」
A「ああ、長野ですか。自然が豊かでいいところですよね。私は残念ながら一度も行ったことがないのですが、旅行に行くとしたらどのあたりがおすすめでしょう？」

B「そうですね、避暑に行くなら軽井沢。自然を満喫するなら栂池《つがいけ》や白馬あたりもいいですよ」

A「それはいいことを教えてもらいました。それと、長野でおすすめの食べ物を教えていただけますか？」

B「やっぱり蕎麦《そば》ですね。私は一日一回は食べないと気がすまないタイプなんです」

A「ほぉ、それはすごい。それだけ長野の蕎麦は美味《おい》しいということなんでしょうね」

このように、相手ができるだけ自分の言葉で話せるような質問を心がけると、会話がはずみますね。

相手がイエスやノーではなく、自分の言葉で答えるような質問の仕方を「オープンクエスチョン（開いた質問）」といいます。相手の答を拾って、そこから次の話を広げていけば、会話はどんどん盛り上がっていくのです。

●名刺交換の後には雑談を

名刺交換は数あるビジネスマナーの中でも一番の基本であり、いろいろな作法が決められています。たとえば、名刺を交換する際には立ち上がらなくてはいけない、目下の者が先に出さなくてはいけない、できるだけ両手で、胸より高い位置で受け取らなくてはいけない、などです。

その理由は、名刺交換が「これからビジネスパートナーとしてお付き合いさせてください」という意思表示であり、ビジネスのスタートラインとしてとても重要なシーンだからです。もちろん、名刺交換の際は会話も丁寧を心がけなくてはいけません。

名刺を渡しながら「どうも、よろしくです」ですませる人がいますが、名刺交換は自分を知ってもらうためにするのですから、必ず、

「私、〇〇社のAと申します。どうぞよろしくお願いします」

「はじめまして。Aでございます。どうぞよろしくお願い申し上げます」

このように挨拶《あいさつ》するのが礼儀です。ここでは、多少堅苦しいくらいの話し方のほうが好感が持たれます。

そして名刺交換が終わったらいきなり本題に入らず、少し雑談を交わすのがいいでしょう。場の空気がやわらぎ、商談へとシフトしやすくなるからです。

雑談の話題は何でもいいのですが、一つの例として、

「〇〇さんとお読みするんですか。印象に残る良いお名前ですね」

「○○さんって、女性らしい素敵《すてき》なお名前ですね」

など、相手の名前をきっかけに雑談につなげていく方法があります。ただし、相手の名前を話題にする場合には、必ずほめるようにしましょう。「変わった名前ですね」「変な読み方するんですね」などと話すのは厳禁です。

また、別の例としては、

「御社は最寄駅が浅草なんですね。ということは、東京スカイツリーの近所ですか」

「皇居のお近くなんですね。緑が豊かな場所でうらやましいです」

のように、所在地も雑談のネタにしやすいでしょう。

初対面の人とビジネスの話をする時は、お互い緊張するものです。だからこそ、雑談でお互いの距離を少しずつ近くしておくと、商談がスムーズに進むのです。

●自己紹介は印象に残る内容を心がける

新しく配属になったり、異動によって配置換えになったとき、ほとんどの場合は着任した職場で自己紹介を行います。自己紹介は、自分が品定めされているようなムードがあり、苦手意識を持つ人も少なくありません。たしかに、みんなの視線を集める中で、自分のことを話すのは気が重いでしょう。

そのため、「今日から配属になりました○○さんです、ではご挨拶を」などと世話係の人から紹介されると、その横でちょこんと頭を下げて、

「○○です、よろしくお願いします」

と、いたって簡単な挨拶ですませてしまう人もいます。

しかし、これではあまりに素っ気なく、「人付き合いの悪そうな人」という印象を与えかねません。せめて、

「ただいまご紹介にあずかりました、○○でございます。どうぞよろしくお願いします」

これくらいのことは口にしたいものです。

また、何人もが同時に自己紹介する場合には、さらっと挨拶をしただけでは、聞き手は顔と名前を一致させることができません。名前を覚えてもらってこそ、自己紹介の意味があるのですから、一工夫がほしいですね。

たとえば、

「広川真と申します。広々としたのヒロに、三本川のカワで広川。真の字は、真実のシンで真です」

「藤原紀子です。女優の藤原紀香とは、一文字違いです」

のように、自分の名前を特徴づけて話すと、記憶に残る率がぐんと高くなります。

さらに、もっと自分を印象づけたい、早く職場に溶け込みたいと思うのなら、もうひとひねりしてみましょう。たとえば、自分の趣味や特技について一言プラスして、

「下手の横好きですが、最近、囲碁を始めました。こちらの職場で囲碁をなさる方がいらっしゃいましたら、ぜひ声をかけてください」

「美味しいものとお酒が大好きなので、飲み会がある時にはぜひ呼んでください」

と言うのもいいでしょう。

ただし、趣味を話す時にそれが自慢に聞こえるような言い方は好ましくありません。

「パソコンが趣味です。わからないことがあったら何でも聞いてください」

「特技はテニスです。高校時代は関東大会優勝。大学では全国大会に出場経験があります。テニスの腕前だけは誰にも負けません」

といった表現では「生意気な感じの人」「新参のくせに」とマイナスの印象を抱かれてしまいます。

たとえキャリアがある人でも、その場所にはあとから仲間入りするわけですから、低姿

勢で控え目な態度が大切です。また、先にいる人たちが一番気にしているのは、「この人は、果たしてこの職場に溶け込めるだろうか」「みんなとうまくやってくれるのだろうか」といった協調性の部分ですから、その思いに応《こた》えるような一言をプラスした挨拶も大変好ましいものです。

「不慣れなものでご迷惑をおかけすると思いますが、どうぞよろしくお願いします」

「皆様の足手まといにならないよう、精一杯がんばります。どうか、ご指導の程よろしくお願い申し上げます」

などの挨拶なら、謙虚な姿勢が感じられ、どんな人にも好まれます。多くの人に声をかけてもらえるように、自己紹介はきちんと作戦を練ってから臨むようにしましょう。

●合コンで話をはずませたいなら、相手の名前を呼ぼう

以前に会ったことがあり、その時に自分の名前を伝えたにもかかわらず、

「すみません、お名前を忘れてしまって……。どちらさまでしたっけ？」

などと相手から言われたら、正直、気分のいいものではありませんね。特に、こちらがきちんと相手の名前を覚えていた場合には、自分が軽く見られているような気がして、そ

の人とは積極的につき合いたいと思わないはずです。

また、平気な顔をして間違った名前を呼んでくる人もいますが、これも同様に不愉快なものです。なぜなら、名前は自分の顔や分身のようなものですから、ぞんざいに扱われると腹が立つのです。

反対に、すれ違いのような一瞬の出会いだった人や、ずっと前に一度会っただけの人が自分の名前をちゃんと覚えていてくれると、「なんて律儀な人なんだろう」と、その人に対して良い印象を抱きます。たかが名前一つのことですが、とても重要なのです。

たとえば合コンで、一気に数名の名前を覚えなくてはならないのに、すぐに自分の名前を覚えて呼んでくれる人に対しては、ほとんどの場合、好感を覚えるでしょう。誰でも自分の名前は覚えて欲しいのです。

だからこそ、合コンの席では大いに相手の名前を呼んでみましょう。

「〇〇さんの趣味は何ですか？」

「〇〇さんって、どちらのご出身なんですか？」

「グラスがあいていますが、何か頼みましょうか？　〇〇さん」

「ありがとう、〇〇さん」

こんなふうに、何度も自分の名前を呼ばれると、「もしかしてこの人は私に好意があるのかな？」と感じてくれるはずです。

気のきいたセリフを言うのは難しくても、相手の名前を呼ぶことなら、どんな人にも簡単にできるでしょう。さらに、とても効果があるのですから、積極的に取り入れたい話術です。

名前の覚え方は人それぞれですが、「顔が四角い人が角田さん」「どこにでもいそうな顔をしているのが鈴木さん」「ピンク色の服を着ているのが桃山さん」「田中さんは、真ん中に座っている人」のように、何かに関連付けて覚えると、名前だけを頭に叩《たた》き込むより記憶に残りやすいかもしれません。

●初対面だって、ほめられれば気分がいい

合コンでモテるタイプとはどんな人でしょう。もちろん、ルックスが良ければそれに越したことはありませんが、見かけは十人並みでもモテモテの人もいます。そういった人はたいてい、話しやすいタイプの人か、ほめ上手な人です。

とくにほめ上手な人は、たとえ自分の好みでなかったとしても、なんとなく気になる存

在になります。ですから、合コンでは、相手をほめることを大いにおすすめします。男性でも女性でも、異性からほめられて嫌な気分になる人はいません。

しかし、「出会ったばかりで相手のこともよく知らないのに、どうやってほめるんだ？」と思われる人もいるでしょう。「じっくり話してからでないと、ほめられない」という人もいるはずです。

けれど、合コンは限られた時間の中で素早くアピールしたり、相手の心をつかむことが要求されるので、もたもたしているうちに意中の人が他の人に興味を持ってしまうかもしれません。スタートダッシュが肝心なのです。

「とにかくお世辞を言えばいい」というわけではありませんが、ほめることをあまり難しく考えると、先に進めなくなってしまいます。上手にほめよう、相手の心を動かすようなほめ言葉をかけようなどと欲張らず、見たままをほめたり、感じたままをほめ言葉にすればいいのです。たとえば、

「○○さんの着ているセーター、春らしくていい色だね」

「○○さんは、黒が似合いますね」

のように、着ているものをほめてみたり、

「○○さんはしっかり者って感じがするよね」

「○○さんは皆から清楚《せいそ》だって言われるでしょう？　僕はそういう印象を受けたけど」

　このように、本人の良いイメージを伝えるのも効果的です。こんなふうに言われたら、「ありがとうございます」とか「そんなことありませんって」という具合に返事が返ってくるはずですから、そこではずみをつけて次の会話へとつなげていけばいいのです。

　ただし、「きれいな足だね」とか「スタイルがいいね」といった具合に、女性の身体的特徴をほめると「いやらしい、どこ見てるのかしら！」と思われる危険があるので気をつけましょう。

●「声力（こえぢから）」が武器になる

　声のトーンや話し方は、その人の印象を左右する力を持っています。たとえば、キンキンと高い声で話す人は、神経質な感じがしますし、早口でまくしたてる人は、せっかちだったり、人の話を聞かないタイプに感じられます。低い声でぼそぼそしゃべる人は、自信がないように感じられますし、落ち着いたトーンでゆったり話す人は、安心して何かを任せられる気がするものです。

初対面の相手と話す時にはどうしても緊張して、声が高くなってしまったり、早口になりがちですが、第一印象は後々まで残りますから、意識して声のトーンを抑え、いつもよりややスピードを落として話すといいでしょう。

また、語尾が消えてしまうような話し方では、その人の印象自体も薄くなってしまいます。トーンは落としても「声力」が感じられる話し方を心がけたいものです。

では、どうしたら力のある声を出せるようになるのでしょうか？　一言で言えば「のど」からでなく「腹」から声を出せばいいのです。ただし、大声を張り上げるのとは違います。

「声力」は、ちょっとした練習をすれば、誰にでも簡単に鍛えることができます。では、その方法を紹介しましょう。

・椅子に深く腰掛ける。背中は、背もたれに軽くつける。
・頭のてっぺんを糸で吊《つ》られているような意識を持ちながら、背筋をしゃんとのばす。
・顎《あご》はやや引きぎみにする。
・両肩をいっぺん、ぎゅっと耳に近付けた後、ストンと下に落とす。
・両手をおへその少し下あたりに当てて、鼻からゆっくりと息を吸い込む。

・お腹が膨れてくるのを手で感じながら、いっぱいに吸い込んだところで息を止め、心の中で五つ数える。
・五秒たったら、口をとがらすイメージで、息をひゅーと吐き出す。この時、一気に吐き出すのではなく、徐々にお腹がへこんでいくのを手で感じながら、できるだけゆっくりと行う。
・鼻から吸い、口から細く吐く呼吸法を何回か繰り返し、腹式呼吸を覚える。
・腹式呼吸になれてきたら、今度は「ひゅー」と息を吐くのではなく、「あー」と声をのせてみる。
・のどで声を出すのではなく、両手でお腹を軽く押しながら、へその下あたりから押し出す感じをイメージしながら発声する。
・力を入れなくても、しっかりした声が出るようになったら、「あー」を「いー」、「いー」を「うー」のように変えて、母音で発声する。この時には、できるだけ口を大きく開いて、母音を発音するときの形をオーバーなくらいにはっきりさせる。

これを一日五分くらいするうちに、自然とお腹の底から声を出す技術が身につきます。およそ二週間、長くかかる人で一カ月も訓練を続けていけば、自分でもびっくりするほどしっかりした声を出せるようになるでしょう。

毎朝、出勤前にこの訓練をすれば、頭の中がすっきりして爽《さわ》やかな気持ちで仕事を始めることができます。また寝る前にすれば、一日の仕事でたまったストレスや疲れを吐き出せるので、自然と眠りに入れます。お腹の底から声を出すことは、健康を維持するうえでもとても大きな役割を果たすのです。

たとえ同じ内容を話しても、細くて消え入りそうな声で言われるのと、はっきりとした響く声で言われるのでは、受け手の印象はがらりと変わります。つまり、声力はそれだけで武器になるのです。

●全部伝えようとするから伝わらない

初対面の人は、あなたの情報を何も持っていません。相手は頭の中にある真っ白なページの上に、自分の目で見た情報や、話してわかったこと、どんな印象を受けたかなどを次々に書き込んでいくわけです。

そこで、こちらとしては「これも伝えたい」「あれも伝えたい」と思い、いろいろな自分を見せようとしてしまうことがあります。

たとえば、誰でも相手に対して、「自分にこんなイメージを持ってほしい」というものを持っています。もちろん、それは相手によって変わるかもしれませんが、「聡明なタイプの人物だと感じてほしい」とか、「クールな印象を持ってほしい」とか、「素直で天真爛《らん》漫《まん》なイメージを抱いてほしい」などさまざまあるでしょう。そしてそれは、自分の一面だけでなく、「全体としては真面目だけれど、ちょっと砕けた部分もわかってほしい」のように、少し複雑なのです。

そういった入り組んだ気持ちがあるからこそ、

「私は石橋を叩いて渡るタイプの人間ですから、仕事の準備には余念がありません。常に、どうしたら最善の方法で良い結果が出せるだろうと考えています。そのせいか、歩いていて電柱にぶつかったり道に迷ったりすることがよくあります」

のように、正反対の面を同時に相手に伝えようとする人がいます。

でも、初対面の相手に自分の内にある複雑な思いや性格を、瞬時にして理解しろというのは無理な話。こんなふうに言われたら、「この人はいったいどんな人物なんだろう？」と、わからなくなってしまいますね。

すべてを言葉だけで伝えるのは難しいことです。人間関係を築いていきながら、「あの人はこんな性格をしているけれど、あんな意外な一面ももっているんだな」という具合に、徐々にわかってもらうことが大切なのですから、最初の一歩はまず、自分のおおまかなイメージが伝わればいいと思った方がいいでしょう。欲張れば欲張るほど相手には大切なことが伝わりません。

また、相手が「自分の何を知りたがっているか」にポイントを置くことも必要です。「この人の仕事について知りたい」と思っている人に、延々とプライベートの話を聞かせたのでは、その人自身への興味も薄らいでしまうからです。

●枝葉の多すぎる話は論点がぼやけてしまう

どちらかといえば女性に多いのですが、話の枝葉が多すぎて、何を言いたいかよくわからない人がいます。

次の女性の話し方は、その典型的なものです。

「昨日、新聞を広げたら、その中に広告が入っていたの。駅前に新しいレストランがオープンして、開店記念の特別ランチを出しているって。その日は本当なら大学時代の友達に会う予定で、その子のうちに遊びに行く予定だったんだけど、あいにく急用ができたと言われて、時間がぽっかり空いてしまったから、いつもなら開店当日の店になんか行かない私なんだけど、『せっかくの休日だから、無駄に過ごすのはもったいない』って思って、そのランチを食べに行くことにしたの。そうしたら、その店で偶然、大学時代にずっと憧《あこが》れていた先輩に会って、それもたまたま隣の席に座っていたの。それで話がはずんで、メルアドとか交換して、来週デートする約束しちゃった。ドタキャンされたおかげで先輩と再会できたわけだから、友達に感謝しなくちゃ」

このように、時系列を追ってダラダラと話されたのでは、聞く方は疲れてしまいます。いちばん訴えようとしているテーマが、開店記念の特別ランチのことなのか、友達にドタキャンされたことなのか、憧れの先輩に会えたことなのか、すべてを聞かなくてはわかりません。

ということは、いつ本題に入るかわからない話を延々と集中して聞くことになるわけです。その結果が、度肝を抜くようなすごいことなら集中して聞いた甲斐《かい》もありますが、きわめて個人的なことだとしたら、「あぁ、バカバカしい」と思ってしまうでしょう。

そこで、話の枝葉を整理して、すっきりとした形にすると、聞き手の印象は変わります。

「昨日、駅前にオープンしたレストランで、大学時代に憧れていた先輩と再会しちゃったの。それで、話がはずんで来週デートする約束しちゃった。本当は昨日は友達と会う約束だったんだけど、ドタキャンされたからそのレストランに行ったのにね。だから友達に感謝しなくちゃ」

このように、一番伝えたいテーマが最初に来ていれば、相手も興味深く話を聞くことができます。特に、出会ったばかりの人に何かを伝える時、話の枝葉が多いと、それだけで「面倒くさい人」というイメージを持たれてしまいます。

話をする時には、言いたいことから順に並べて、どちらでもいいことは思い切って切り捨ててしまいましょう。そうすることによって、聞き手に優しい話し方になるのです。

●恋人の両親に初めて会う時には

初対面の人と話をする時は、どんな相手でも大なり小なり緊張するものですが、恋人の両親と初めて会う時の緊張感というのは、言葉で言い表せないほど大きいでしょう。

最近では結婚は当人同士の問題で、一昔前のように「家と家との結びつき」といった考え方は少なくなっているようです。しかし、婚姻関係を結べば当然のように、恋人の親は自分の義理の親となるわけですから、少しでも良い印象を与えたい、そこから始まる人間関係をできるだけ良好なものにしたいと考えるのは当然のことです。そのためにほとんどの人が、この対面に大きなプレッシャーを感じるのでしょう。

初めての顔合わせというスタートラインで失敗をすると、それを修復するのには大変な時間と労力がかかる場合があります。結婚後も「あの男は、最初にうちに挨拶に来たときから気に入らなかった」とか、「あの娘は最初に見た時から、息子にはふさわしくないと思っていた」などと事あるごとに言われ、互いに歩み寄る気持ちもきっかけも失ったまま、関係を続けるのは苦痛以外の何物でもありませんね。

だからこそ、「最初が肝心」の言葉通り、出たとこ勝負で臨むのではなく、ある程度の準備をしておくことがとても大切なのです。

まず、恋人の両親と話をするときに気をつけなくてはならないのが、彼らの呼び方です。結婚を前提に付き合っているからといって、初対面で、

「お父さんはゴルフをなさるのですか？」とか、

「お母さんのご趣味は何でしょうか」

などと言うのは考えものです。なぜなら、こんな呼び方をすれば、「まだ結婚を許した覚えはない」や「早々に女房気取りとは……」と、反感を買う危険があります。この段階

ではまだ結婚前なのですから、安全なところをとって、

「○○さんのお父様（さん）」や「○○さんのお母様（さん）」

という呼び方がふさわしいでしょう。若い人なら「おじさま」「おばさま」でもいいかもしれません。


そして、恋人の呼び名にも気を配らなくてはいけません。

「ケンちゃんとは、社員旅行の時に初めて話して～」

などとニックネームで呼んではいけません。もちろん、

「美香とはいつも昼休みが一緒で」

と、呼び捨てもNG。特に男性なら「うちの娘を自分のもののように……」と、父親の強い反感を買うこと間違いなし。慣れない人にとっては少しくすぐったい感じがするかもしれませんが、こういったシーンでは「ケンタロウさん」「美香さん」のように、「さん付け」で呼ぶのが礼儀です。


また、親というのは、わが子がどれだけ相手に大切にされているかを気にするものです。

「ケンタロウさんは何でも私の言うことを聞いてくれるんですぅ」

というように、恋人を尻《しり》に敷いているような発言は厳禁。決して良い印象は与えません。

「ケンタロウさんにはいつも親切にしていただいております」

など、恋人を一人の人間として尊敬し、大切にお付き合いしているニュアンスがただよう言葉を選びましょう。

●雑談は会話のウォーミングアップ

落語を聞いたことのある人ならご存知だと思いますが、噺家《はなしか》は本題である落語そのものに入る前に「まくら」を入れます。まくらとは、その時々の社会の出来事や風潮、世相などを、まるでお客とおしゃべりでもするように話すものです。

古典落語では、江戸の下町などが舞台となり、お馴染《なじ》みの三吉やはっつぁん、長屋の大家さんたちが登場するわけですが、噺家が座布団に座った途端、「おーい、はっつぁん、いるかい？」と始まったのでは、観客は話についていくことができません。

噺はいわゆるフィクションであり、現実世界とはまったく別の世界で繰り広げられる物語です。だからこそ噺家は、まくらのなかで、客も知っているような話題を振り、ちょっとしたトンチや洒落《しゃれ》などを交えながら、少しずつ自分の手元に引き寄せ、お客が噺を楽しむため、または自分が噺をしやすい環境を作るためのウォーミングアップをしているのです。

これが雑談の基本の形です。

初対面のお客様と商談をするときにも、同じことがいえるでしょう。こちらとしては売り込みたい気持ち満々で臨んでいるかもしれませんが、相手にそんな気がなければ、この両者の温度差は致命的なものになります。商売というのは、「売りたい」気持ちと「買いたい」気持ちが同じになって初めて成立するのですから、まずお客様が「買いたい」という気になるように、相手の気持ちを温めなくてはなりません。

そのために、商談の前にも「まくら」のような役割を果たす、雑談をはさむのです。テーマは何でもかまいませんが、お互いが身近に感じられるものがいいでしょう。

たとえば、お客様と会う場所がホテルのカフェだとします。型通りの挨拶や名刺交換が終わった後、ちょっとあたりを見回すと、自分たちと同じようなビジネスマンが見えたとします。そこで、

「ここは商談をする人が多いですね。やはり、テーブルとテーブルの間のスペースが広々としているからでしょうか」

と話しかけてみます。その様子はお客様にも見えますから、

「そうですね。私もこの場所はよく利用するのですが、お客の半数以上はビジネスマンですよね」

などのように返事がかえってくるかもしれません。

「しかし、一時よりずいぶん減ったと思いませんか？　商談をする人の数が」

「そう言われてみればそうですね。やはり、不景気なご時世だからでしょう。そのせいか、こうしたホテルではなく、ファミリーレストランなどを利用する人もいるようですよ」

「そうですか。しかしそういった場所で仕事の話をするのはどんなものかなぁ。誰が聞いているかわからないし、第一、うるさくて落ち着かなそうな気がしませんか？」

「ええ、私は避けたいですね」

「私もです」

といった具合に会話がはずめば、出会って名刺交換した時より、ぐっと互いの距離は近づいているはずです。互いが同じものを見て、同じような感じ方に落ち着いたこともあり、滑り出しは上々。商談が成立するか否かは別問題として、スムーズに商談へと移行する準備はできたといえるでしょう。

お天気や趣味の話も決して悪くありませんが、人によっては唐突な感じがしたり、好みのテーマでない場合もあります。もちろん、相手の感触が悪ければ、そのテーマに執着せずに違う話題をふればすむことなのですが、雑談の出発点が「互いに見えるもの」であれば、情報を共有しているため失敗しにくいのです。

●こんな話題は避けましょう

雑談のテーマは、時事や世情、天気の話題など幅広くありますが、中には「タブー」というものがいくつかあります。

女性に対しては、年齢に関する話がそれにあたります。もちろん、面接などで必要な場合はのぞきますが、それが仕事と直接かかわりがなかったり、単なる個人的な興味から発したものであれば、絶対に聞かないほうがいいでしょう。まさか「何歳ですか？」とストレートに聞く人は少ないと思いますが、

「こちらでお仕事を始めて何年目ですか？」とか、

「何年度の入社ですか？」

といった聞き方も、「年齢を推定できるから答えたくない」と考える女性もいます。とにかく、どうしても知る必要がなければ話題にしないことです。

また、未婚、既婚、子どもの有無も触れないほうが無難です。聞く側としては他意もなく、単なる世間話として、

「ご結婚されているのですか？」

「お子さんは何人いらっしゃるの？」

などと問いかけるのですが、未婚だったり、子どもを持たない人にとっては非難されているように感じる場合があるからです。もちろん、

「早く結婚した方がいいですよ」とか、

「子どもは早く生んだ方がいいですよ」

などのセリフは禁句中の禁句です。大きなお節介もいいところでしょう。結婚や出産はきわめてプライベートでデリケートな問題ですから、そこにズカズカと土足で入り込むような人はシャットアウトされてしまいます。次回に会った時は会話がないと覚悟しなくてはいけません。

そして、男女ともに話題にすべきではないのが、政治と宗教の話題。この二つは、その人の思想や生き方にも関連することなので、下手に話題にして意見が対立してしまうと、大変ややこしいことになります。「これは危なそうだな」という話題は避けるに越したこ

とはありません。

第7章

嫌われない雑談とは

●悪口は、上手に話をすり替える

「ねえねえ、知ってる？　部長と経理のA子さんのこと」

「知ってる！　飲み会の途中、二人で消えたって噂よね」

「やだ、部長ってもうお孫さんもいる年でしょ、不潔！」

「A子さん、可愛い顔してしたたかだからね、何か下心があるんでしょ」

いつの時代も、噂話や悪口は盛り上がります。しかし、悪口を言う人は必ずどこかで同じように悪く言われるもの。負の連鎖を断ち切るためには、まず自分が悪口を言わないことから始めなくてはいけません。

しかし、先輩のほうから悪口を言って来た時に、

「先輩、そういうの良くないと思います！　悪口はやめましょう」

などとは言えるはずありません。先輩のプライドを傷つければ、後々面倒なことになりかねないからです。

しかし、一緒になって悪口を言わないとしても、「そうですね」と同意してしまえば、自分も同罪です。こんな時はどうやって切り抜ければいいのでしょうか。

それには、話をすり替えてしまうのが一番です。具体的には、

「そういえば部長って、女子社員を見る目がいやらしかったわよね」

「どうでしょう、私、最近すごく視力が落ちているんで、よく見えてないんですよね。やっぱりパソコンの使いすぎでしょうか」

「ああ、私もパソコンやりすぎた日は目がしょぼしょぼするわよ」

「あ〜、私も同じです。先輩、いい目薬知りませんか」

「目薬ね……。駅前のドラッグストアは、結構種類が豊富よ」

このように、話をまるで別のほうに誘導し、そちらで盛り上げてしまえば悪口を上手にスルーできます。もちろん、一度はぐらかしたくらいでは逃げ切れないかもしれませんが、何度か繰り返せば、「この人は悪口がいやなんだな」と、相手にもわかってもらえるはずです。

●「私」が何度も登場する人

大変な仕事をやりとげた時は、誰でもねぎらいの言葉がほしいものです。こちらの気持ちを丸ごと受け止めて、

「へぇ、そうなんだ。そりゃあ大変だったね」

「お疲れさま。ずいぶん苦労したんだね」

と言ってもらえたら、どれだけ気持ちが救われるでしょう。しかし、相手をねぎらうどころか、いつのまにか「私の場合は……」と、自分自身の話にすりかえてしまう人もいます。

たとえば、

「A商事との商談をまとめるのには、三カ月もかかったよ」

「ふーん、でも、俺が一番苦労して取った契約は、三カ月どころか一年以上かかったぜ」

「先方の上司が段取りにうるさい人で、散々書類を提出させられたんだ」

「俺は段取りを大切にするタイプだから、相手から言われる前に書類を提出するけどな」

といった具合です。


話し手は、自分の苦労を聞いてもらい、それに共感してほしかったのに、こんなふうに「自分の場合は」と切り返されたらガッカリしてしまうでしょう。

また、「あなたは苦労したと思っているかもしれないけれど、私からみたら苦労とはいえません」と言われているようにも受け取れるため、気分のいいものではありません。

また、

「商談をまとめるのに三カ月？　俺だったら、そんなに長くかかる仕事はさっさと切り捨てるけどな」

「相手が書類を出せと言っても、本当に必要じゃないものはハッキリ断るだろうな。だって労力の無駄だろ」

このように、聞かれてもいないのに「自分ならこうする」と主張してくる人もいます。

物事を考える時に、相手の立場になって考えたり、自分に置き換えて考えることはとても大切ですが、何でもかんでも自分に置き換え、それを相手に伝える必要はありません。

こういうタイプの人は自己顕示欲が強く、何気ない日常会話でも「私」や「俺」「僕」といった一人称を多く使いたがる傾向があります。

たとえば買い物に出かけた時に、商品を手にとって見ている友達に向かって、

「僕はそういう色より、こっちの色の方が好きだな」

「そのデザイン、私はあんまり好きじゃない」

などと言ってみたり、何かにつけて、

「うちでは、いつも○○を食べているの」

「私は、親からそう言われて育ってきたんだ」

のように、自分や自分の家のやり方を、あたかも「正しいもの」「標準」のように話すのです。本人たちにそんなつもりはなくても、言われた人は、「自分のやり方を人に押しつけないでほしい」「あなたはあなた、私は私。余計なお節介は必要ない」と思っています。

適度な自己主張をするのは大切なことですが、たいして必要のないシーンにまで「私は」「俺は」を使うと、「あの人はオレ様タイプ」とか、「彼女は自分大好きだから」のように、好ましくない印象を持たれてしまう危険性があります。

心当たりのある人は、意識的に一人称を使うのをやめてみてください。それだけで、会話の印象がぐんと謙虚な感じに変わります。最初はちょっと話しにくいかもしれませんが、慣れてしまえば、何の問題もなく話せるようになります。

●会話に水を差す「知ってる」「やってる」が得意な人

人は誰かに共感してもらえると、安心したり、明るい気分になります。たとえば、行列ができるラーメン店に行った人が、

「俺、この前○○軒の味噌《みそ》ラーメンを食べに行ったんだ」

と、誰かに話したとします。その時に、

「あ、その店行ったことあります。すごく並ぶんですよね」

このようにあいづちを打ってもらえると、それだけでうれしい感じがしますね。すると、

「最近、雑誌に取り上げられたから、余計に人気なんだろうな」

「確かに、雑誌の影響は大きいですよ」

「でも、並ぶ価値があるよな」

「ええ。あの値段であの味なら、並んでも仕方ないですよ」

のように、どんどん会話がはずみます。同じことを体験しているだけに、その場の臨場感や雰囲気などを共感し合えるからでしょう。

しかし、同じ経験をしているにもかかわらず、会話のはずまない人もいます。

「俺、この前、○○軒の味噌ラーメンを食べに行ったんだ。すごく並んでいてさ……」

という声かけに対して、

「俺も行ったことあるから知ってるよ」

などと答える人です。まるで「俺はその店のことを知ってるから、それ以上話す必要はないよ」と言われているような気がして、次の会話には発展していかないでしょう。雑談

の入り口をぴしゃりと閉ざされた気分です。

人は本能的に相手より優位に立とうとする習性があるため、自分にも経験のあることを「知っている」と言いたくなる気持ちはわかります。しかし、会話はキャッチボールと同じなのですから、自分に投げられたボールは、相手が受け取りやすい形で投げ返してあげるのがマナーです。

もし、相手が自分の知っている情報を伝えてきたら、「知ってる」だけで終わらせず、次の会話への足がかりとなるような言葉をプラスしてあげましょう。

たとえば、

「俺も行ったことあるから知ってるよ。あの店って、何時間もかけて食べにくる人がいるらしいな」とか、

「その店なら俺も知ってる。行列が一〇〇メートルくらい続いてなかったか？」

などと言葉を続ければ、同じように「知ってる」と言われても、もっともっと話したい気分になるはずです。

また、多人数で話をしている時、その中の一人があるテーマについて語り、他の人たちがそれに耳を傾けていたとしましょう。こんなシーンで、自分の知っている事柄が出てき

たとたんに、

「あ、それなら私も知ってる」

「知ってる、知ってる、それって○○なんだよな」

などと話し出す人がいます。そのことによって、話の流れが変わらなければいいのですが、明らかに話の腰を折ってしまう場合もあります。

「知ってるのは○○さんだけじゃない。私だって知ってるんだから！」と自分の有能さをアピールしたかったのかもしれませんが、せっかく集中して話を聞いていた人たちからは、「空気が読めない奴だな」と思われてしまいます。

　さらに、本当は知っていても、「知っている」と言わないほうが話がはずむこともあります。たとえば、目上の人などが明らかに知識をひけらかしたそうに話しかけてきた時に、

「ああ、知っています」

　と答えたのでは身も蓋《ふた》もありません。たとえそれが事実だとしても、相手は面白くないでしょう。もちろん、「知らない」と言うことで不利な立場にたたされるようではいけませんが、それほど真剣にとらえる種類のものでなければ、「知りません」と答えた方が、確実に会話ははずむでしょう。人は往々にして「教えたがり」なのですから。

●求められないアドバイスをする人

悩みを抱えている時は、何をしていても心が晴れず、胸の辺りがモヤモヤした気分になりますね。一言に悩みといっても種類はさまざまで、いくら考えても答が出ないものもあれば、すでに答は出ているけれど踏み切る自信がなくて悩んでいたり、悩むことさえ無意味だったりするものもあります。

そういった悩みの多くは、自分ひとりの胸に抱えているより、誰かに聞いてもらうことで救われるものです。たとえ何のアドバイスももらえなかったとしても、第三者に話すことによって、悩みを客観的にとらえられ、自分の中で悩みのポイントは何かを整理できるからです。

ですから、もし誰かに悩みを打ち明けられた時は、まず相手の話を熱心に聞いてあげることが何より大切です。そのことによって、悩みを抱えている人は、「この人は、私の苦しみを受け止めてくれている」と感じ、安心して心のうちを思いのまま吐き出すことができるからです。そして、「自分は受け入れられている」という安心感が、心の元気を取り戻させてくれ、悩みに立ち向かうエネルギーが生まれるのです。

しかし、人から相談を持ちかけられると、つい親切心から、「なんとかこの人の悩みを自分が解決してあげなくては」と意気込んで、あれこれアドバイスをしてしまう人がいます。

たとえば、上司との折り合いが悪く、仕事をするのが辛《つら》いと感じているA子さんが、友人のB子さんに辛い気持ちをこぼしたとします。

A子「昨日も課長に大声で怒鳴られたの。それも後輩たちがいる前でよ」
B子「なんで怒鳴られたの？」
A子「ある仕事を頼まれていたんだけど、期限に間に合わなかったのよ。だから叱られても仕方ないんだけど、その仕事は、先輩と私が二人で頼まれた仕事なの。なのに叱られるのは私一人なのよ」
B子「で、あなたは黙って叱られてたの？」
A子「口答えなんてできないわよ。物凄《ものすご》い勢いで怒ってるんだもの」
B子「だめだめ。黙ってないで、私一人の責任じゃありませんってキチンと言わなきゃ」
A子「でも、そんなこと言ったら先輩に嫌われそう」
B子「嫌われたっていいじゃない。あなたは間違ってないんだから」

A子「だけど、先輩に睨《にら》まれたら職場に居づらくなるもの」
B子「勇気を出して、自分が正しいと主張しないと、ずっとこのままよ。そんなのだめよ」
A子「でも……」
B子「じゃあ、あなたはどうしたいのよ。損な役回りを演じ続けたい？」
A子「そうじゃないけど、もういいわ。ごめんね、愚痴を言ったりして」
会話を見るとわかりますが、A子さんは、この問題をどうにかしたいと考えていたのではなく、理不尽さを感じながらもなんとかうまく乗り越えていきたい。でも、ちょっとは愚痴も言いたかった、というところでしょう。
しかし、B子さんから、ああしろこうしろといらぬアドバイスをされてしまったため、胸の中のモヤモヤをすべて吐き出せなかったのです。
B子さんのように、愚痴混じりの雑談と相談事を混同してしまうと、相手は心を閉ざし、「この人にはもう二度と話すものか」と思ってしまいます。
誰でも、人から頼られればそれに応《こた》えたいという気持ちがあります。しかし、悩みを最終的に解決するのは本人なのですから、相手をバックアップするつもりで、聞き役に徹することが大事です。欲しいのはアドバイスではなく、共感なのですから。

●いつの間にか話題を変えてしまう人

人にはそれぞれ得意なジャンルがあります。仕事のことならいくらでも話せるけれど、プライベートのこととなると途端に口が重くなる人がいると思えば、正反対に、仕事の話は興味がないけれど、趣味のこととなったら立て板に水という人もいます。

人は本能として、自分のことを相手に認めてほしい、自分のことを大いに語りたいという気持ちを持っているので、相手が自分の得意ジャンルでない話をすると、なんとか自分の得意な方へと話を引き寄せようとする傾向があります。

次の会話を見てみましょう。これは同期入社の二人が話しているところです。

Ａ「先月、○○が指揮者をつとめるコンサートに行ったんだ。最高だったよ」

Ｂ「ふーん」

Ａ「同じ楽曲でも、指揮者が違うと、全然違う曲に感じられるんだよ。すごいよな」

Ｂ「あぁ、どこかでそんなことを聞いたことがあるな。ところで指揮者って、ずっと腕をふってなきゃならないだろ。やっぱり筋トレをしているのかな？」

A「もちろん、鍛えていると思うよ」
B「俺は別に指揮棒を持つわけじゃないけど、毎日腕立て伏せは欠かさないぜ」
A「指揮はすごく体力を使うから、ジムに通う人も少なくないんだ」
B「どんな職業でも体が資本だからな。で、君はどんなふうに体を鍛えてる？」
A「あぁ、そうだな。できるだけ歩くようにしてるよ」
B「それはいい。俺も先月から、一駅前で降りて出社してるんだぜ」
A「そうなんだ。えらいね」

やりとりをみるとわかりますが、Aさんは自分の行ったコンサートがいかに素晴らしかったかを語りたいのに、Bさんが強引に話題を変えてしまっています。それはたぶん、Bさんにとって、クラシック音楽というジャンルが自分にとって得意なものではなかったからでしょう。

自分の知らないことを聞きたがらない人は、往々にして「知らないことが恥ずかしい」「自分の知らないことを相手が知っていると悔しい」「バカにされそうで嫌だ」という気持ちを持っています。そのため、なんとか自分の得意ジャンルに話を変えようとします。そして、自分のプライドを保ったり、有能さをアピールしようとするのです。

しかし、強引に話題を変えられた方は、不快感だけが残ります。話したいことがいっぱいあるのに、途中でそれを止められたのですから当然でしょう。こんな状態では、相手のことを有能だと思うどころか、「自己中心的な人」と思ってしまいます。

「知らない」＝「負け（恥）」と考え、不得手なジャンルに背を向けるより、知らないからあえて一生懸命聞く、という姿勢のほうが、確実に人から好かれ、会話もはずみます。ましてや趣味の世界のことは、興味のない人にとって知らなくて当たり前なのですから、恥じたり、バカにされるのでは、と心配する必要はないのです。

Ａ「先月、○○が指揮者をつとめるコンサートに行ったんだ。最高だったよ」

Ｂ「へぇ、そうなんだ」

Ａ「同じ楽曲でも、指揮者が違うと、全然違う曲に感じられるんだよ。すごいよな」

Ｂ「そうなのかい？　俺には見当もつかない話だな」

Ａ「いや、実際に聴いてみればわかるよ。それに、クラシックって小難しいイメージがあるけど、『あ、これ知ってる』っていう曲がいっぱいなんだよ」

Ｂ「そうかもしれないな。街でもよくクラシックがかかってるし、無意識のうちに聴いて耳が覚えているんだろう」

A「そうそう、クラシックの魅力の一つは、懐かしさみたいな部分もあるんだ」
B「じゃあ、体育会系の俺にとっても、全く別世界のものってわけじゃないんだな」
A「それどころか、指揮者と君には共通点もあるんだよ」
B「えぇ？　俺と指揮者が?!」
A「指揮ってものすごく体力を使うから、人によっては一回の公演で二、三キロ体重が落ちることもあるんだ。だから、君のようにジムで体を鍛えたりしてるんだよ」
B「へぇ、意外だな。でも、何だかクラシックに親しみを覚えたよ」
A「そんなふうに言ってもらえるとうれしいな。ところで、君、最近一駅前で降りて出社しているらしいね。体力トレーニングか？」
最初の会話と違い、BさんはAさんの「クラシックについて語りたい」という気持ちを尊重し、正面から「聞こう」という姿勢になっています。そのためAさんの方も、できるだけBさんに歩み寄った言葉や内容を選んでいるため、両者にとって心地よい会話になっているのがわかりますね。「知らないこと」や「不得手なジャンルのこと」を上手に聞ける人こそ会話の達人。そういった人には必ず、自分の得意ジャンルを語るチャンスが巡ってきます。その時まで、ちょっとだけ待つ気持ちが大切なのです。

●ネガティブな言葉を連発する人

「どうせ私なんか」

「しょせん、〇〇だから無理だよ」

「結局、こうなっちゃうんだよね。だからイヤなんだ」

口を開けばネガティブな言葉ばかりを発する人がいます。本人はクールなニヒリストを気取っているつもりかもしれませんが、こういうタイプは正直、あまり人から好かれません。雑談しても楽しくないからです。

言葉というのは不思議なもので、言い方一つで印象が大きく変わります。たとえば、山を登っているとき、頂上までの距離が残り一〇〇メートルになったとします。

「やったー！　あと一〇〇メートルで頂上に着くぞ」

と言うのと、

「あぁ、あと一〇〇メートルもあるのか……」

と言うのでは、印象がまったく異なりますね。残り一〇〇メートルという距離は変わりないのに、言い方一つでモチベーションに大きな影響が出るわけです。

どんな人でも、一緒にいてモチベーションが下がっていくより、上がっていくほうがいいに決まっていますから、人と良いコミュニケーションをとりたいと考えるのなら、日ごろからポジティブな言葉を選ぶように心がけましょう。

たとえば、冷たい雨が降る中、営業に出かけなくてはいけない時、

「あぁ、こんなに寒い日に営業に行くなんて、辛いな。嫌だな」

と口に出せば、周囲の人たちは「仕事だからしかたないのに」「弱音は聞きたくないな」と思うかもしれません。つまり、自分も不快、相手も不快というわけです。

しかし、物事には良い面と悪い面がありますから、その良い面に光を当てて、

「こんな寒い日に営業にうかがえば、お客様だって無下に帰れとは言いづらいだろう。もしかすると、商売するのにはいい天気かもしれないね」

と口に出せば、自分自身も元気になりますし、それを聞いた周囲の人たちも、「がんばってるんだな、私も負けないようにがんばろう」と感じてくれるかもしれません。

ポジティブな言葉を意識して使っていると、物事の考え方自体も前向きになります。そういった人の周りには自然に人が集まり、明るい会話がはずむようになるのです。

●あれ嫌い、それ嫌いは子どもの証拠

一緒に食事をしている時に、

「私、刺身って生臭くて大嫌い」とか、

「鶏《とり》の皮って気持ち悪くて嫌い。よくそんなものが食べられるね」

などと、顔をしかめながら言う人がいます。

育ってきた環境や食生活の違いなどで、好き嫌いがあるのは仕方ないかもしれませんが、一緒に食事をする人の気持ちも考えず、平気で「嫌い」だの「気持ち悪い」だの口にするのは、大人の対応としてありえないでしょう。

嫌いなものを無理やり食べさせられそうになったのならまだしも、自分は別の物を食べ、ほかの人が美味《おい》しいと思って食べているものを非難するのは無神経。こんな人とは二度と食事をしたくないと思われること間違いなしです。

もし、コース料理などで自分の苦手な食材が出てきた場合には、黙って手をつけないのが大人です。もし、「どうして食べないの？」と聞かれたのなら、

「お腹がいっぱいになってしまって」とか、

「実は、〇〇が得意じゃなくて」

のように、できるだけネガティブな言葉を避けて答えるほうがいいでしょう。嘘も方便です。食事は料理の味を楽しむだけでなく、雰囲気も含めて楽しむものです。そこに非常に個人的な「好き嫌い」を持ちこんでせっかくのムードを壊さないためにも、言葉選びは慎重にしたいですね。

また、招かれた家で出された料理が苦手だった場合には、

「せっかく作ってくださったのに申し訳ありません。実は、子どものころから、〇〇が苦手なもので。本当にごめんなさい」

このように心からお詫《わ》びをするのが、料理を作ってくれた人に対しての礼儀です。

また、食事以外のシーンでも、

「俺、〇〇さんって嫌いだな」

「私、〇〇先輩の口うるさいところが大嫌い」

など、人のことを「嫌い」と批判するのはよくありません。もちろん、親しい友達や家族を相手に話すのならかまいませんが、職場や趣味のグループなど、集団として成り立っている中で、軽はずみに「好き嫌い」を口にすると、底の浅い人間に思われてしまいます。

ビジネス科学委員会（びじねすかがくいいんかい）
書籍や雑誌などを中心に執筆活動を続けるグループ。新入社員向けのビジネスマナーや正しい日本語の使い方をはじめ、著名な企業経営者の名言やその生涯の記録についての著作など、幅広く活躍している。

イラスト／りおた

仕事《しごと》が9割《わり》うまくいく雑談《ざつだん》の技術《ぎじゅつ》
——人見知《ひとみし》りでも上手《じょうず》になれる会話《かいわ》のルール

ビジネス科学委員会《かがくいいんかい》

二〇一三年八月十日　初版発行

発行者　井上伸一郎
発行所　株式会社角川書店
東京都千代田区富士見二—十三—三
〒一〇二—八〇七八
電話／編集　〇三—三二三八—八五五五
発売元　株式会社KADOKAWA
東京都千代田区富士見二—十三—三
〒一〇二—八一七七
電話／営業　〇三—三二三八—八五二一
http://www.kadokawa.co.jp/

編集協力　幸運社／松島恵利子
装丁者　緒方修一（ラーフイン・ワークショップ）
印刷所　暁印刷
製本所　BBC

角川oneテーマ21　C-250

ISBN978-4-04-110515-3 C0295